Beat Kappeler

Wenn alles reisst – hält die Schweiz?

Krieg, Euro, Migration, Schulden, Inflation, Aufruhr, Geopolitik

Beat Kappeler

Wenn alles reisst – hält die Schweiz?

Krieg, Euro, Migration, Schulden, Inflation, Aufruhr, Geopolitik

Stämpfli Verlag

Der Stämpfli Verlag wird vom Bundesamt für Kultur
für die Jahre 2021–2024 unterstützt.

Bibliografische Information der Deutschen Nationalbibliothek: www.dnb.de

Gestaltung Stephan Cuber, diaphan gestaltung, Liebefeld, www.diaphan.ch
Korrektorat Stämpfli Kommunikation, Bern, www.staempfli.com
Umschlagbild ginosphotos1 / depositphotos.com

ISBN 978-3-7272-6162-6

Inhalt

Vorwort

In anderthalb Jahrzehnten hat sich die Welt bis zur Unkenntlichkeit verändert, und nicht nur zu ihrem Guten. Die Schweiz wird hingegen von Beobachtern im In- und Ausland als stabil, leistungsstark und zukunftsfähig dargestellt. Immer öfter aber melden sich die Krisen, die Verwerfungen, andere Politikauffassungen von aussen als Probleme auch des Inlandes. In alten Tugenden zu verharren, wenn rundherum sich alles ändert, ist gefährlich. Doch die wirklichen, eigenen Tugenden zu verkennen und aufzugeben, ist noch gefährlicher. Es gilt also klarzusehen.

Neu ist die Lage nicht – schon der Bundesbrief vom Rütli sprach 1291 von der «Arglist der Zeit» und zeigte die Abhilfe auf.

Die Verwerfungen auf der internationalen Bühne mit Schockwellen bis in die Schweiz folgten aufeinander: Da war eine Finanzkrise im fernen Amerika, und plötzlich schwankte eine der beiden Schweizer Grossbanken 2008, dann die andere 2023. Sie mussten von der Nationalbank und dem Bundesstaat gestützt werden – das erste Mal seit den Dreissigerjahren des 20. Jahrhunderts. Die Regeln des Finanzplatzes mussten geändert und Dutzende von Milliarden Franken innert Tagen zugesprochen werden.

Die neue europäische Währung, der Euro, schlitterte sodann nach nur zehn Jahren in eine Existenzkrise und wertete sich drastisch ab. Die Schweizerische Nationalbank bremste den Frankenkurs einige Zeit, musste aber 2015 kapitulieren. Die Exportindustrie stand unter Schock.

Die Migrantenströme aus zerfallenden Staaten nahmen stetig zu, weniger wegen Armut an sich, sondern wegen höherer Verdienste und besserer Institutionen in Europa, dann aber abrupt, als die deutsche Kanzlerin alle Tore öffnete.

Die Europäische Union hatte sich, ohne erkennbare Vertragsänderungen, praktisch zu einem Staat gewandelt und bot der Schweiz ein unannehmbares Rahmenabkommen an.

Die schweizerische Steuerhoheit fiel unter einen Beschluss der OECD-Staaten, die Unternehmensbesteuerung gleichzuschalten.

Die weltweite Covid-Pandemie lähmte längere Zeit auch die Schweizer Institutionen, die Wirtschaft, das Arbeiten, die Kultur – eine erste Pandemie seit hundert Jahren.

Die laufenden Ausgabesteigerungen fast aller Länder seit der Finanzkrise brachten unentrinnbare Schuldenlagen, in den USA, in Europa. Die Notenbanken finanzierten diese und private Schulden mit einer nie gesehenen Geldschöpfung, diese mündete in die Inflation.

Dann brach erstmals seit 1945 ein Angriffskrieg in Europa aus, Russland überfiel die Ukraine. Als Folge ergriffen die westlichen Staaten scharfe Sanktionen, die das traditionelle Verständnis umfassender schweizerischer Neutralität erschütterten.

Vorläufig letzter Punkt dieser Abfolge von Krisen waren plötzlich knappes Öl und Gas, alle Länder bangen nun um Geld und Wohlstand, um den Lebenssaft Energie.

Geopolitisch rücken durch Krieg und Ölinteressen grosse Teile der nicht demokratisch verwalteten Welt zusammen – China, Russland, Iran, Türkei; sie lehnen die Rechtsgewinne der Menschen aus der Aufklärung offen ab.

Hält die Schweiz die Risse der Sicherungen in der Welt aus, verfügt sie über den Spielraum zu eigenem Handeln? Dieses Buch versucht einen Überblick darüber zu verschaffen und da und dort einen Rat zu erteilen. Vorab fragt es: Wer sind wir – abseits der biederen rechten oder linken Selbstbilder?

Die Schweiz – ein Uhrwerk, das sich als Staat verkleidet

Regierung und Verfahren sind stabil, für manche fast zu stabil. Der Bundesrat wird einzeln ergänzt durch das Parlament, handelt aber kollektiv und ist seit 1848 noch nie insgesamt zurückgetreten. Wenn auch die Verfassung seither jener der USA als Schwesterrepublik in vielen Teilen abgeguckt worden ist, der regierungsführende «Präsident» ist jedoch dem französischen Directoire von 1795 nachgebildet.

Das Parlament, föderal in zwei gleichberechtigte Kammern gegliedert, ist souverän, ein «régime d'assemblée» ausdrücklich ohne Verfassungsgerichtsbarkeit über seine Entscheide. Volks- und Kantonsvertreter anstatt Juristen führen das Land. Diese «stimmen ohne Instruktionen», wie die Verfassung schreibt, ohne bindendes Mandat ihrer Kantone. Dies hat aber, sieht man auf die «parlamentarischen Demokratien» umgebender Länder, seine tiefere Bedeutung: Die Wähler können panaschieren, kumulieren, streichen und damit die Wahllisten selbst gestalten, an den Parteistäben vorbei. Die Gewählten können daher mit Fug und Recht sagen, sie bringen der Partei den Sitz. Umgekehrt werden in den anderen Ländern die Kandidaturen auf vielen Wegen durch die Parteizentralen beeinflusst, oder gar vergeben, und während der Legislatur gilt das scharfe Kommando, mit der von der Parteizentrale gestellten Regierung zu stimmen – oder sonst in einer anberaumten Vertrauensabstimmung unterzugehen. Das ist die erste Schiene des Regierens, die Souveränität nicht nur des schweizerischen parlamentarischen Verfahrens, sondern auch für jene der einzelnen Parlamentarier. Die Regierung, die Parteistäbe können nichts durchpeitschen, sondern die Gewählten folgen auch ihren hochgeschätzten Panaschierern aus allen Lagern.

Das Volk setzt die Agenda

Die Volksrechte kennzeichnen die zweite Schiene des Regierens durch das Wählervolk als Auftraggeber. Das Referendum schwebt über den Regierungs- und Parlamentsgeschäften. Daher zieht die Regierung vor einer Gesetzgebung in einem breiten Vernehmlassungsverfahren die Wünsche der Verbände, der Parteien, der Kultur und Wirtschaft in Betracht. Man schätzt, dass bei einer breiten Vernehmlassung mehrere Tausend in solchen Organen der Zivilgesellschaft aktive Bürger schon informiert und angehört werden. Die entsprechenden Kurskorrekturen im Gesetzesvorhaben der Regierung und des Parlaments dürften die häufigeren Folgen der Volksrechte sein als die tatsächlichen, zwar vielen, Abstimmungen.

Das Initiativrecht seinerseits steht diesen Gruppen und den Einzelnen zu, ist keine gelegentlich gewährte Gnade der Regierung wie in den anderen Ländern. Das Volk setzt die Agenda von unten. Falsch ist die Kritik vieler Beobachter von anderswo, diese Abstimmungen festigten die Willkür der Mehrheiten über die Minderheiten. Denn jede Minderheit kann wieder mit den Volksrechten die Revanche suchen, und die fast regelmässig vierteljährlich abgehaltenen Abstimmungen schaffen vielfache Gelegenheiten dazu, und schliesslich ergänzt das erforderliche Kantonsmehr bei Verfassungsänderungen die befürchtete uniforme Walze eines Volksmehrs.

Da die Steuersätze in der Bundesverfassung verankert sind, bleiben Volk und Kantone souverän darüber, wie viel sie den Politikern zugestehen wollen. Die an der Schweizer Politik Beteiligten sind insgesamt eine «lernende Organisation».

Der Föderalismus mit seinen zwei Ebenen unterhalb des Bundesstaates, mit Kantonen und Gemeinden, spielt trotz vielen Querfinanzierungen, trotz zunehmenden zentralen Kompetenzen immer noch seine Rolle. Vor allem die Leistungen «im Territorium» werden so direkt vom Bürger bestimmt, bewertet und bezahlt – Spitäler, Schulen, Versorgung, Entsorgung, Ortsplanung, Fürsorgeleistungen, Gerichte. Die Elektrizität wird den über 8 Millionen Einwohnern über 600 lokale Netztarife verrechnet – kein sinnloser Föderalismus, sondern dies hält zu kostenorientierten und verursachergerechten Infrastrukturen an.

Neben diesen Institutionen pflegt die Zivilgesellschaft spontane Rückkoppelungen unter sich und mit Behörden, Feedbacks. Man redet miteinander, interveniert, lädt Kritiker ein.

Wie interpretiert die öffentliche Meinung in der Schweiz nun diesen Zwiespalt zwischen Verwerfungen, Krisen in der sie umgebenden Staatenwelt und unseren eigenen Institutionen?

Kritik des Uhrwerks

Die von den Amerikanern erhobenen Vorwürfe hallten lange nach, die hier deponierten Vermögen der vom Nationalsozialismus Bedrohten, der Juden im Besonderen, nicht rückerstattet und mit der Nationalbank von Goldtransfers profitiert zu haben. Obwohl der Bundesrat schon 1946 im Washingtoner Abkommen die damalige sehr grosse Summe von 250 Millionen Franken in die Tasche der USA abgegolten hatte (eine rechtliche Schuld der Schweiz ablehnend, aber gegen den vollen Forderungsverzicht der Alliierten) und obwohl die Schweiz schon 1961 öffentlich aufgerufen hatte, die Verluste anzuzeigen, war alles vergessen. Die Behörden reagierten im Schock, die Meldungen in den Medien überschlugen sich in Anklagen, eine Kommission von Historikern unter Prof. Jean-François Bergier wurde eingesetzt. Kritiker beklagten deren eher linkslastige Zusammensetzung und erst recht ihre Resultate. Schliesslich wurden 1996–2000 ca. 340 Millionen Dollar auf unbekannten Konten festgestellt, obwohl die

Schweizer Banken 1,25 Milliarden Dollar pauschal vorbezahlt hatten.

Vor allem bewerteten diese Historiker die damaligen Umstände ausserordentlich eng, letztlich unhistorisch. Die verschiedenen Politiken – Gold, Flüchtlinge, deponierte Vermögen, Lieferungen – wurden nicht mit jenen der anderen am Kriege unbeteiligten Länder verglichen (Schweden, Portugal, Spanien, Argentinien), sondern in eine allein gestellte, nur von der Schweiz eingegangene Schuld eingeteilt und daraus eine bloss gesinnungsethische, nicht verantwortungsethische Moralfrage gemacht. Die Antwort, was verantwortungsethisches Verhalten – also auf die Folgen gerichtetes Handeln – gewesen wäre, blieb aus.

Selbstbild Schweiz der Kritiker

Diese zurückliegende, erneute Aufarbeitung formt die eine Variante des Selbstbildes nunmehr im Inland, die aber von Kritikern auf viele andere Fragen ausgedehnt wurde: Die Schweiz ist gegenüber dem Ausland grundsätzlich schuldig wegen des von ihr vermiedenen Weltkriegs, wegen des Finanzplatzes, wegen des Reichtums, wegen geringer Auslandshilfe, weil sie der europäischen Einigung fernsteht, weil Rohstofffirmen hier ihr Domizil haben. In neuerer Zeit versuchen Amateurhistoriker zusätzlich, der Schweiz, ihren tüchtigen Pionieren im Welthandel und in der Industrialisierung eine miese Beteiligung am Sklavenhandel nachzutragen, den Reichtum aus dem Kolonialismus abzuleiten. Die Belege sind dünn, nicht schlüssig, schreibt die Forscherin Béatrice Veyrassat.

Manche als Professoren bestallte, professionelle Historiker folgen dieser abwertenden Sicht, insbesondere was die Souveränität betrifft. In Abwehr der patriotischen Welle um die Volkspartei betonen sie, wie abhängig, wie fremdbestimmt die Schweiz immer gewesen und heute noch sei. Georg Kreis weicht in Kollektivpsychologie aus, stuft es als «Angst» ein, wenn man sich auf Souveränität besinnt. In vielen abwertenden Darstellungen spielt unausgesprochen die Meinung mit, dann könne die Schweiz besser gleich der EU mit den voll entwerteten Souveränitäten ihrer Mitglieder beitreten: das seltsame Rezept des Selbstmords aus Angst vor dem Tod ...

Doch besonnene Betrachter haben nie eine absolute Souveränität, eine technische Unabhängigkeit, eine höhere Moralität der Schweiz unterstellt. Lösen wir uns daher von der professoralen, parteilichen Brille auf die Schweizer Identitäten.

Import des Selbstbildes

Dieses gequälte Selbstbild, dieses Aufarbeiten der Vergangenheit als Schuld aus nachträglicher Perspektive schwappt aus Deutschland herüber auf die deutschsprachige Schweiz. Es ist eine Mode geworden, die auch Jahrzehnte nach dem Weltkrieg nicht ausstirbt und die in der Westschweiz keine Entsprechung findet.

Auch in diesem Punkt sind sich die beiden grossen Landesteile etwas fremd. Denker und Philosophen der Westschweiz haben in Frankreich – und anderswo – immer ein grosses Echo gefunden, mehr als die meisten Deutschschweizer in Deutschland. Diese Denker waren grosse Liberale wie Benjamin Constant, Germaine de Staël, Charles Monnard, Jean-Jacques Rousseau, Frédéric-César de la Harpe, Denis de Rougemont. Viele solche Denker und politischen Praktiker haben mehr von der Aufklärung verinnerlicht als Dichter und Denker in Deutschland, die eher provinziell, nicht angelsächsisch geformt sind. Das schreckliche 20. Jahrhundert hat Deutschland vielen Deutschschweizern als kulturelle Referenz zwei Mal entfremdet, delegitimiert. Carl Spitteler hat dazu schon 1914 Fraktur geredet und die Deutschschweizer gewarnt, dem damals im Norden hervorgestrichenen Deutschtum zu verfallen. Was heute in Deutschland von sogenannten, sich selbst bezichtigenden Intellektuellen im Büsserhemd gesagt, angeklagt und gefordert wird, hat für die historisch und gesellschaftlich völlig anders gelagerte Schweiz keinen Bezug, keine Relevanz. Es ist hier so wenig ein rituelles Pflichtthema wie es keines ist in den angelsächsischen

Ländern, in Frankreich für den Algerienkrieg etwa und in der Westschweiz.

Verteidigung des Uhrwerks

Diese eher aus Aussensicht aufgebrachte kritische Sicht der Schweizer Identität provozierte sozusagen als Blitzableiter eine «patriotische Sicht» in die Innenpolitik hinein. Aber das Ganze verlief von nahe besehen in drei Wellen: Die älteren Einwohner erinnern sich noch an die Identität der Aktivdienstgeneration – die Schweiz war nicht dem Nazismus verfallen, hatte sich wehrbereit gezeigt und die Freiheit gerettet, sie war eine ideale Nation.

Dann kam zweitens die Kritik an der Aktivdienstgeneration durch die Achtundsechziger, die Pazifisten, viele Sozialisten, wie erwähnt. Dann warf sich drittens die Volkspartei und ihr Präsident, später Bundesrat, in die aufgebrochene Bresche und verfocht eine patriotische, auf hergekommenem Recht und Brauch beharrende Sicht schweizerischen Verhaltens, schweizerischer Eigenheiten. Gerade weil in den Schulen und Geschichtsbüchern die Schlachtendaten, Wilhelm Tell, ja sogar der Bundesbrief als wenig erheblich für die Geschichte zu gelten begannen, weil manche Historiker in die Aussensicht einschwenkten und die Schweizer Geschichte nur als Echo internationaler Zwänge sahen, wurden nun Schlachtfeiern begangen, Trachten hervorgeholt, Bauerntümelei vorgezeigt.

Selbstverwaltung und urbane Wurzeln

Doch die Wurzeln der Schweiz liegen nicht nur im eigenen Gärtchen und nicht bloss in der Gnade des Auslands. Das hergekommene Wesen der Schweiz, das sich in den oben erwähnten Einrichtungen von Bund, Parlament, Wahlsystem und Volksrechten zeigt, stammt aus ganz anderen Quellen, aus solider Geschichte, aus Geschichte, die zwar viele europäische Regionen und frühere kleinere Staaten auch pflegten, die aber im 19. Jahrhundert von den entstehenden grossen Flächenstaaten einheitlicher Machart untergepflügt wurden. Nur die Schweiz, die Niederlande, Skandinavien und Englands Traditionen blieben altgewohnt.

Die Wurzeln europäischer Demokratie, des Wohlstands, der Innovationen und der Marktgesellschaft kamen aus der bunten Gesellschaft nach dem Zerfall des Karolingerreichs hervor: Viele Freie waren schon nach der Völkerwanderung sesshafte Bauern geworden, und die grossen Latifundien («villae») nach spätrömischer Zeit lösten sich in Huben einzelner Bauernfamilien auf. Im 12./13. Jahrhundert setzte die neue Dreifelderwirtschaft stete Diskussionen, Übereinkünfte der bäuerlichen Produzenten voraus, wer jährlich welches Stück Land bekam, wer es als Gemeindevorsteher ausführte und wie Streitigkeiten geschlichtet wurden.

Kommunale Selbstverwaltung war der dominierende, lokale «Staat», und in den neu entstehenden Städten desgleichen, von der Hanse, von den Städten und freien Provinzen der Niederlande, der Lombardei, den Städten Süddeutschlands, anderen Reichsstädten hin zur Eidgenossenschaft und den Drei Bünden. Ganz Europa lebte diese kommunalen Formen der Selbstbestimmung als normal, war dezentralisiert. England kannte bis weit ins 19. Jh. eine nur lokale, nicht zentrale Verwaltung. Sogar das Ancien Régime Frankreichs vor 1789 bestand aus vielschichtigen lokalen, regionalen Körperschaften, wie es Alexis de Tocqueville beschrieben hatte.

Die Eidgenossenschaft, wie grosse andere Teile Europas, kannte also nie umfassenden Feudalismus, Skandinavien auch nicht. Was unsere Ritterromane, die Schulbücher daraus machten, stammt aus dem unerbittlichen Rasenmäher-Feudalismus ab dem Jahr 1000 in Frankreich (Robert Bartlett, «Die Geburt Europas aus dem Geist der Gewalt»). Dieser wurde auf mittel- und osteuropäische Grundherrschaften exportiert und dort vielerorts bis 1914 gepflegt. Jedoch grosse Teile des frühen Europa pflegten das Gegenteil. Professor Peter Blickle nannte die eidgenössische Landwirtschaft eine «kapitalisierte», weil die Bauern sich ab 1300 aus allfälligen Feudalrechten auskauften und nur noch Bodenzins bezahlten.

Eidgenossenschaft – in guter europäischer Gesellschaft

Lasst die Fakten sprechen: Die drei Waldstätte waren beim Rütlischwur schon über 60 Jahre in die grossen Handelsströme und in die Geldwirtschaft des Kontinents integriert. Die Eröffnung des Gotthardpasses bescherte ihnen Wegzölle, Fuhrdienste, Susten, Reparaturaufträge. Die Innerschweizer nahmen den Aussenhandel als Chance längst auch selbst wahr – sie spezialisierten sich auf Viehzucht und Käse, exportierten diese nach der Lombardei, importierten dafür Getreide. Sie waren so weltgewandt, dass sie merkten, ihre Interessen am Pass waren auch jene des Kaisers am Pass und an Italien. Sie erwirkten daher von ihm schon 1230 und 1240 Freibriefe.

Dann kam der nächste Schritt – ab der Beitrittswelle nach 1332 mit Beitritt von Luzern, Bern, Zürich, Zug war dieser «Grosse Bund Oberdeutscher Lande» ein Städtebund, kein Bund ländlicher Bauern und Hirten auf gottverlassenen Alpen, und später, nach dem Eintritt Solothurns, Freiburgs, Basels, Schaffhausens, erst recht.

Diese Eidgenossenschaft war damit ein Teil der überall in Europa gegründeten selbstverwalteten Städte, der Tal- und Alpgenossenschaften, der Landstände, der Drei Bünde, vor allem der überall in die Machtlücken des Heiligen Römischen Reiches Deutscher Nation einspringenden Städtebünde: süddeutsche Reichsstädte, die grosse Hanse, die Ligen reicher lombardischer, toskanischer Städte, der holländischen Sieben Vereinigten Provinzen.[1]

Die regierenden städtischen Eliten des «Städtebundes Schweiz» waren reich, und sie zogen ihren Reichtum nicht aus Latifundien, sondern aus dem Welthandel und fremden Diensten. Die Geschichte jeder einzelnen dieser Familien zeugt davon, aber sie geriet nicht zum heutigen Selbstbild. Schon die Diesbach-Watt-Gesellschaft aus Bern und St. Gallen war in der ersten Hälfte des 15. Jahrhunderts eine der ganz grossen Handelsgesellschaften des Kontinents von Krakau bis Lissabon. Deren Leinwandwirtschaft, dann die Baumwollweberei beschäftigten grosse Teile des ländlichen Umfelds, das Flachsfelder, nicht Kuhweiden bot. Alle waren «im Export» tätig. Die Bauerntümelei hingegen trat erst Ende des 19. Jahrhunderts erstens durch die forcierte Kuh- und Milchwirtschaft ins Selbstbild sowie zweitens, und etwas früher schon, durch Dichter wie Byron, Schiller, Rousseau ins Bild der Fremden. Ende des 19. Jahrhunderts reagierten viele damit auch auf die Industrialisierung, damals wurden die Trachten geschaffen, die Heldenlieder gedichtet, und vor dreissig Jahren griff sie eine grosse Volkspartei erneut auf, und die andere, ehemalige Arbeiterpartei verkrallte sich derart in diese, dass sie gleichermassen verbiestert wurde.

Die frühe Geschichte Europas und der Schweiz steht nicht jedem Bürger, den Politikerinnen und Politikern in der Schweiz täglich vor Augen. Es sind aber die fortgesetzten Stränge solcher Selbstgestaltung, bis über die Liberalität des 19. Jahrhunderts aus der Aufklärung, hin zur Bundesverfassung, welche heute in der Schweiz wirken.

Den Sonderweg nahmen die anderen Länder im 19. Jh.

Der Bruch, der zu einem Sonderweg führte, ging nicht von der Schweiz aus, sondern die grossen Trends ausserhalb, in weiten Teilen Europas, wendeten sich: Die grossen Flächenstaaten bildeten sich durch Gewalt von oben – Frankreich seit 1300, endgültig mit der Revolution, Spanien mit dem Zusammenschluss von Aragón und Kastilien 1492, Habsburg durch die Gleichschaltung der Stände in Österreich und Böhmen, und im 19. Jahrhundert unterwarfen Feuer und Schwert Italiens Republiken, Städte und Länder der Casa Savoia des Piemont. Preussen zerstörte ein feines Netz vieler Staaten, Städte in mehreren Aggressionskriegen, um das Kaiserreich zu begründen, mit jeweils Zehntausenden von Toten. Es war nicht der Wille der Völker. Für viele ist aber heute der angestrebte gesamteuropäische Flächenstaat EU die Fortsetzungsidee, auch gleichgesetzt mit Fortschrittsidee.

Die Schweiz und dic Nicderlande blieben um 1900 als einzige selbstverwaltete Föderationen übrig, sie erschienen plötzlich als letzte republikanische Sonderfälle.

Doch unbemerkt für die meisten wurde das 20. Jahrhundert wieder zum Gegenteil der Grossstaaten – denn 28 Kleinstaaten entstanden (Finnland, Polen, Baltikum, Tschechien, Slowakei, Ungarn, Österreich, Irland, Norwegen, Slowenien, Kroatien, Albanien, Kosovo, Nordmazedonien, Ukraine, Bosnien-Herzegowina, Kasachstan, Tadschikistan, Turkmenistan, Kirgisien, Usbekistan, Georgien, Moldawien (im 19. Jahrhundert schon Rumänien, Bulgarien, Serbien, Montenegro, Belgien).

Damit entspricht die Schweiz dem Mainstream Europas wieder viel eher als einer Sonderrolle.

Freiheitliche Selbstorganisation im 19. Jh.

Im Selbstbild der Schweiz heute fehlen die Errungenschaften des 19. Jahrhunderts weitgehend. In den Köpfen gab der frische Liberalismus, wie in den angelsächsischen Ländern, den Ton an, Zürichs, Basels, Genfs Eliten strahlten auf Europa aus. Als sich die liberale Regeneration nach 1830 überall in den Kantonen durchsetzte, war die Schweiz eine Fackel[2] republikanischer und demokratischer Rechte in Europa, sodass reaktionäre Staaten, vor allem Deutschland und Habsburgs Metternich, mit Interventionen drohten. Sogar die kleine, aber freche «Appenzeller Zeitung» stach ihm im fernen Wien in die Nase. England hielt der Schweiz gegen die anderen Mächte damals die Stange. Deutschland gelang nie eine liberale Revolution, seine Polit-Eliten sind seit je ideologisch fixiert.[3] Der ihm 1948/1949 von den Westmächten auferlegte Liberalismus wich rasch einem dumpfen, obligaten Gemeinschaftsgefühl und einem Alltagssozialismus.

Wenn die Schweiz je Sonderfall war, dann dank Liberalität und Demokratie.

So aber gaben sich die Kantone den Bundesstaat (nach einem sanft geführten Bürgerkrieg), und wie im amerikanischen Vorbild blieben der Föderalismus und die Gemeindeautonomie zentral, auch die «checks-and-balances» mit einer Regierung, die nicht abgesetzt werden kann und die ihrerseits das Parlament nicht auflösen kann: Sie sind zur Zusammenarbeit gezwungen!

Der Aufstand der neuen Demokratenpartei gegen die Verkrustung der siegreichen Liberalen und Reichen nach 1848 führte zum nächsten Streich der Selbstbestimmung von unten durch Referendum (1874) und Initiative (1891). Eine der folgenden Initiativen brachte das Proporzwahlrecht.

«Inclusion» und Föderalismus

Mit ihren einschliessenden Institutionen gelang der – oft bewegten – Innenpolitik in den hundert Jahren bis 1918 die Integration der Westschweiz und des Tessins, der Katholisch-Konservativen, der Sozialdemokraten. Damit gelang es, einen «Inclusive-Staat» zu schaffen, der in der Dauer hält.[4]

Als Trainingsplatz solcher Innovationen dienten die Kantone mit ihren verschiedenen, vorhergehenden Lösungen: Föderalismus als Motor des Bundesstaates.

Dieses Muster wiederholte sich im 20. Jahrhundert bei den grossen Projekten der Sozialversicherungen, die aus kantonalen Lösungen hervorgingen, bei den Rechtsvereinheitlichungen in Zivil-, Wirtschafts- und Strafrecht.

Die zwei mentalen Lager der Innenpolitik reiben sich jedoch in ihrer Sicht zum Föderalismus: Liberale Geister schätzen den Wettbewerb der Lösungen, der Steuersätze, der Innovationen. Das andere Lager argumentiert mit Einheitlichkeit – was nicht einheitlich ist, ist ungerecht.

Föderal aufgeteilt zu ungefähr je einem Drittel sind auch die Steuereinnahmen zwischen Bund, Kantonen, Gemeinden, und die beiden letzteren Ebenen sind ihrerseits «souverän», ihre Stimmbürger bestimmen Ausgaben und Einnahmen. Das Volk also entscheidet über seine eigene Besteuerung – der liberale Grundsatz der Angelsachsen «no taxation without representation» wurde in der Schweiz damit zu «no taxation without self-determination» –, die Steuersätze stehen in der Verfassung und können nur vom Volk selbst sich selbst auferlegt werden. Bottom-up ist das schweizerische Prinzip.

Die selbstbestimmten Steuerlasten in Gemeinden, Kantonen, Bund halten die Steuern tief – und den damit ablaufenden Wettbewerb unter ihnen. Es findet trotzdem kein «race to the bottom» der Gemeinwesen statt, weil sich keines nachsagen lässt, schlechte Schulen, Spitäler, Infrastrukturen zu haben – auch diese bilden einen «Wettbewerb der Lösungen».

Die fiskalische und monetäre Stabilität – dank selbstbestimmten, inkludierenden Institutionen – hat der Schweiz sozialistisch-kommunistische Experimente erspart, hat eine ununterbrochene Münzgeschichte seit 1848 geschrieben (es sind immer noch Münzen von ca. 1885 im Umlauf) und hat noch nie einen Staatsbankrott verursacht.

Noch ein Sonderweg der anderen Länder im 20. Jh.

Das übrige Europa hingegen nahm nach den Umwälzungen 1918 nochmals einen anderen Weg, jenen des von oben nach unten durchregierenden parlamentarischen Systems: top-down. Denn wenn Regierungen im Parlament durchfallen können, zurücktreten und das Parlament auflösen (müssen), dann kehrt sich der Machtschub um: Die Parteistäbe gewinnen Wahlen, setzen die Regierung ein, diese verpflichtet die Parlamentarier ihrer Koalition auf bedingungslose Gefolgschaft, bei Strafe der Auflösung und des Ausschlusses von einer Kandidatur bei folgenden Wahlen.

Diese «Demokratien» sind damit Elite-Veranstaltungen, sind Parteizentralendiktate, dem Volkswillen beinahe unzugänglich.

Ausserdem dehnt sich das Top-down bis in die EU-Institutionen aus: Der Rat der EU (Ministerrat in seinen Fachzusammensetzungen) erlässt die Richtlinien und Politiken, seit 1987 nur noch mit Mehrheiten, nicht einstimmig. Diese Entscheide werden in den nationalen Parlamenten, wenn überhaupt, von den Regierungen durchgesetzt: wieder durch die Parteistäbe. Ausserdem hat der EU-Gerichtshof seit 1963 eigenhändig und ohne Auftrag entscheidende, von allen befolgte Vergemeinschaftungen entschieden, ein eigentlicher Staatsstreich von oben.

Der Unterschied zur Bottom-up-Gestaltung der Schweiz zeigt sich daher im übrigen Europa national und in Brüssel übernational, also nicht nur in den Volksrechten, sondern in unserer Bottom-up-Gesetzgebung ohne Diktat der Regierungsstäbe. Das Schweizer Parlament, nicht nur das Volk, ist souverän (wie in England das Parlament, was zum Brexit führte).

Auch hier ist nicht die Schweiz in eine Sonderrolle hineingewachsen, sondern das übrige Europa, wie bei den erzwungenen Flächenstaaten, hat sich im 20. Jahrhundert weg- oder fortbegeben. Kurz, die Schweiz entspricht dem guten Tuch, aus welchem Europa gewoben war.

Identität heute, ohne importierte Selbstbilder

Im französischen und im deutschschweizerischen Landesteil schwappen viele zeitgenössische Ideologien aus den zwei Nachbarstaaten herüber und werden unbesehen von den Medien ins Selbstbild eingewoben. Da wäre die «steigende Armut», «la pauvreté qui augmente», «la crise» als Dauer in Westschweizer Medien seit je aus Frankreich eingeführt. Aus dem Norden rührt die Scham, ein eigener Staat mit Selbstinteresse zu sein, eine Hemmung, welche die Deutschen sich nach 1945 verpassten und gemäss welcher schon Staatsräson oder Selbstinteresse «Nationalismus» seien. Sogar Fahnen, 1.-August-Feiern fallen für manche unter dieses Tabu. Wie in Deutschland schämen sich viele hier, Teil der reichen Welt zu sein.

Reichtum – Scham oder Stolz

Angus Maddison[5] zeigt, wie die das Schweizer Pro-Kopf-Einkommen seit 1500 immer höher war als das Pro-Kopf-Einkommen in Frankreich oder Deutschland. Die Schweiz verfügte, vor dem historisch doch sehr neuen Zeitalter von Kohle und Öl ab ca. 1880, immer über die Rohstoffe und die Energie zur frühen Vorindustrialisierung, auf die es ankam, nämlich über Holz und Wasser, dieses mit grossem Gefälle. Mühlen, Papierstampfen, Sägereien, später Spinnereien wurden damit betrieben. Mit all dem entfällt auch der Sonderfallmythos der einst «armen Schweiz ohne Rohstoffe». Sie war immer reicher als der grosse Teil Europas mit seiner ausweglosen Armut etwa der Hälfte seiner Bewohner (Peter Blickle). Möge dieser Fakt doch auch einmal in Schulbücher und Sonntagsreden einziehen.

Meist wird das Bild elender Arbeitermassen des 19. Jahrhunderts als weitere Bestätigung einer «armen Schweiz» herumgeboten. Übersehen wird, dass wie überall in Europa ein enormer Bevölkerungsdruck zur Prekarität beitrug («demografischer Übergang»), dass aber in der Schweiz alle diese Massen Arbeit und Brot hatten, dass vor allem die schon im 18. Jahrhundert verbreitete Frühindustrialisierung nun die Schweiz in die Industriewelt katapultierte, zusammen mit England. Das englische Parlament entsandte eine Kommission in die Schweiz, um zu ergründen, warum hier 1838 schon mehr Spindeln pro Einwohner liefen als in England. Die Schweizerinnen und Schweizer konnten lesen und schreiben, in der Westschweiz noch besser, im Gegensatz zu den umliegenden Ländern, weshalb die neuen Techniken schneller eingeführt werden konnten.

Der Reichtum des Landes heute beruht daher nicht auf einem «Nullsummenspiel» (was wir haben, wurde nicht andern, der Dritten Welt oder Europa, weggenommen), sondern ist selbstverdient mit ausgezeichnet geführten Firmen, mit der Weltläufigkeit der Exporte, dank grossem Arbeitseinsatz der Bevölkerung. Mit der längeren Arbeitszeit, mit der hohen Erwerbsquote (83,7 % aller zwischen 16 und 64 Jahren, Frankreich 70 %; USA, Italien nur 63 %) schaffen wir hier im privaten Sektor 7,2 Milliarden Stunden im Jahr, Frankreich aber nur 35 Milliarden Stunden. Die Schweiz ist also, obwohl bevölkerungsmässig fast neunmal kleiner als Frankreich, wirtschaftlich nur fünfmal kleiner.

Damit verbunden ist eine gleichere Einkommensverteilung als in Frankreich, Deutschland, Italien, Grossbritannien, den USA, weil alle etwas verdienen. Damit ist auch die Umverteilungslast des Staates geringer.

Diese Erfahrung der wirtschaftlichen Leistungsfähigkeit, der Urbanität und des davon abgeleiteten, immer schon erarbeiteten Reichtums bildet einen Grundstock der heutigen Identität der Schweiz.

Zwei Selbstbilder und zwei Lager – seit jeher und überall

Die zwei Selbstbilder des Landes, eher ihrer Bewohner, – einerseits die sich den Ansprüchen des Auslandes schuldbewusst anbietende Schweiz und andererseits die von unten heraus sich selbst organisierende, föderale, reiche und deshalb dem Umfeld unbequeme Schweiz – konkurrieren heute.

Sie zeigen sich auch in den folgenden Kapiteln zu Geld, Staatshaushalt, Europa, Zuwanderung, Sozialpolitik, Drittweltfragen, Verteidigung, Energie, internationalen Organisationen.

Auf die Verwerfungen, Risse, Krisen aus dem Umfeld der Schweiz versuchen diese zwei Haltungen heute nun einzugehen. Was aber ist dabei richtig, zielführend, erfolgreicher? Die folgenden Kapitel versuchen die Antwort.

Wenn Geldschöpfung einreisst

Der Franken stieg seit fünfzig Jahren auf ein Mehrfaches anderer Währungen und spiegelt die verlorene Solidität des Westens. Man reist als Inländer zwar billiger, kauft günstiger im Ausland ein, aber die Auslandsanlagen entwerten sich laufend, die Exportfirmen kommen in Schwierigkeiten, entlassen Leute, wandern ab. Die Nationalbank als Hüterin des Frankens verliert neuerdings Riesensummen wegen ihrer Anlagen in Dollar, Euro, Pfund. Inflation kommt weltweit auf und beginnt sich auch in den Frankenraum hineinzufressen.

Geld seit 1914 überall manipuliert

Seit die Welt den Goldstandard aufkündigte (1914 Deutschland, 1971 die USA) stand die Solidität der Schweizerischen Nationalbank allein auf weiter Flur, und blieb es. Der Dollar ist gegenüber dem Franken in fünfzig Jahren auf noch 15 % gefallen, der Euro in kurzer Zeit auf noch 60 %. Die Notenbanken in den USA, in Japan, im Euroland veranlassen eine ausufernde Geldschöpfung, wie sie sagen gemäss ihrem Auftrag, um für Beschäftigung, Produktion, Wachstum zu sorgen. Diesen Auftrag erfüllen jedoch die anderen Behörden dieser Länder nicht – sie behindern die Vollbeschäftigung mit Lohnsteigerungen, unsinnigen Arbeitsregeln, etwa Kündigungsverboten, hohen Abgaben der Arbeitgeber, sie besteuern die Produktion und die erfolgreichen Privaten. Die Notenbanken finanzierten all dies durch, sie kuschten feige vor den geschaffenen Tatsachen. Sie kauften Staatspapiere, sie senkten damit die Zinsen, sie senkten den Aussenkurs der Währung, damit die von der Innenpolitik geschundenen Produzenten wieder auf Exportmärkten auftreten können. Leider verschliessen sich diese Notenbanken auch nicht dem Drängen der Fiskalpolitiker, Budgetlöcher zu stopfen helfen und mit Geldschöpfung zu finanzieren.

Das Resultat ist immer das gleiche – die Geldschöpfung eilt der Wirtschaftsleistung weit voran, niemand muss sparen, niemand die Konsequenzen seines Tuns fühlen, und die zwangsläufig sich verstärkende Inflation verteilt die Lasten dann unmerklich auf alle, vor allem auf die Sparer, die Rentner. Und – der Aussenkurs sackt ab.

Verteidigung durch Solidität

Und die schweizerische, zum Teil früher auch die deutsche, die skandinavische Abhilfe dagegen? Nur die Mässigung in allen diesen Politiken der Arbeitsmärkte und der Sozialpolitiken sichert in diesem verluderten Währungsumfeld die eigene Konkurrenzfähigkeit – also mässige Sozialprämien, das Recht der Firmen, auf dem Arbeitsmarkt zu kündigen, die Lohnmässigung der Gewerkschaften, geringe Mehrwertsteuern, längere Arbeitszeiten, längere Lebensarbeitszeiten, eine No-nonsense-Verwaltung ohne Bürokratie. Dem sagt man die «interne Abwertung» – also Konkurrenzfähigkeit ohne Währungswettbewerb nach unten, mit gemässigten inländischen Kosten trotz starker Währung gegen aussen. Mit stabilen, allenfalls auch mal knapperen Löhnen, mit sinkenden Firmen- und Kapitalerträgen aus dem Ausland, in Franken übersetzt, tragen alle Kreise, Arbeitnehmer und Kapitalbesitzer eine solche interne Abwertung. Die Aufwertung verbilligt die Importe für die Vorprodukte der Industrie, die Energie, den Konsum, sie erhöht die Kaufkraft, kurz, ein «Engelskreis» fängt an, während abwertende Länder alles gegengleich als Teufelskreis erleben.

Erneute Sabotage des Geldwerts 2020

Seit der Finanzkrise und wieder in den Engnissen der Covid-Krise haben die erwähnten grossen Notenbanken hemmungslos Staatspapiere aufgekauft und den Gegenwert frischen Geldes in die Wirtschaft laufen lassen. In der Covid-Krise teilten die amerikanische und die europäische Zentralbank gleichzeitig, Mitte März 2020, mit, alle künftigen, massiv auszugebenden Staatspapiere aufzukaufen. Nur drei Tage später setzten sich die Politiker der USA und des Euroraums je zusammen, um Ausgabenpakete, schuldenfinanziert, von zusammen fast 4000 Milliarden Dollar/Euro zu beschliessen. Im August 2021 schliesslich beschlossen diese massgeblichen Mitgliedstaaten des Internationalen Währungsfonds, neue Sonderziehungsrechte zu schaffen (Konten aus der Luft, zur Begleichung von Zahlungen). Das war mit einem Gegenwert von ca. 650 Milliarden Dollar die grösste Geldschöpfung der Weltgeschichte auf einen Streich. Die Schweizer Vertreter beim IWF stimmten zu. Wie so oft hat die Schweiz geschwiegen, beim IWF mitgemacht, damit die grossen Schuldnerländer ihre frivole, nicht nachhaltige Ausgabenpolitik weiterführen konnten. Die Nationalbank kaufte sogar diese Geldschöpfung aus New York und Frankfurt mit Hunderten von Milliarden auf, wurde der grösste einzelne Gläubiger des Euroraums und Deutschlands.

Absicht und Folge: Diese Länder konnten ihre Budgets weiterhin in riesigen, in Friedenszeiten nie gekannten Defiziten weiterlaufen lassen, ohne dass die Kapitalmärkte ausgepumpt oder die Zinsen hochgepuscht worden wären. Und ohne dass die Wähler irgendetwas merkten oder gar zu sagen hatten, im Gegenteil, sie wurden mit enormen direkten Haushaltsubsidien verwöhnt, die Firmen mit Ausfallzahlungen für Umsätze, Gewinne.

Was die Wähler, die Bürger, die Firmen zwei Jahre später aber merkten: Die Inflation schwang sich auf Höhen auf wie in den schlimmsten Jahren nach 1969, und der Dollar, der Euro werteten sich gegenüber den wenigen wirklich soliden Währungen wie dem Franken ab.

Verteidigung durch Bravheit?

So sah die zerrissene Währungswelt für die Schweiz schon nach der Finanzkrise 2008 aus. Die Schweizer Finanzen waren in Ordnung, die Wirtschaft auf vollem Kurs, aber der Export schien durch die Abwertungen gefährdet. So begann die Nationalbank zu rudern, sie intervenierte auf den Devisenmärkten, das heisst, sie kaufte Dollar, und nach der Eurokrise 2010 den Euro, fassweise auf. Im Ergebnis hatte sie die Währungsreserven auf 1000 Milliarden aufgebläht. Diese gekauften Dollars und Euros legte sie in internationalen Aktien und Obligationen an, ging also das Risiko der Währungen und das Risiko der Anlagen ein – und prompt verlor sie 2022 in der Baisse den grösseren Teil ihres Eigenkapitals.

Schliesslich importierte die Schweiz die ausländischen Inflationsraten, weil diese sich via Importe und zu tiefen Franken im Inland auswirkten. Die Nationalbank hat viel zu lange das inländische Geschäftsleben sich heisslaufen lassen, mit Exporten, mit einer zinsverwöhnten Bauwelle, mit Überbeschäftigung, den Staat mit störendem Bürokratieausbau in Gesundheit und Bildung und mit der aus all dem folgenden riesigen Zuwanderung von meist erwerbstätigen Kaderleuten. Es gibt keinen anderen, einzelnen Hebel, der so viele Probleme schafft oder löst, wie die Geldpolitik der Schweiz nach 2008. Zusammengefasst brachte der Hebel seit 2005 wenig Wachstum pro Kopf. Viel Bruttowachstum rührt aus dem zugewanderten, massiv grösseren Arbeitspotential her. Viele Zuwanderer fanden Stabsstellen im aufgeblähten Bildungs- und Gesundheitsbereich. Zwar steigern ihre Lohnsummen das nominale Inlandprodukt, und das seco rühmt sogar die höhere Stundenleistung, die Produktivität seit 1991, weil sie und alle weniger Stunden arbeiten. Real aber wuchsen nur die Stäbe. Das verfügbare Einkommen aller wird dazu mit stark gewachsenen Sozialabgaben und Steuern gemindert. Die Zuwanderung wurde zum Selbstläufer – Zugewanderte wollen Wohnraum, Infrastrukturen, Dienste, Pflege, aber um sie zu leisten, braucht es Zuwanderer. Ein Teil des realen Wohlstandsgewinns des Landes rührt seit fünfzig Jahren aus mehr Frankenkaufkraft bei Importgütern, Autos, Energie, Auslandsreisen her.

Abschied von den faulen Früchten der Bravheit

In den letzten Jahren hielt die Nationalbank den Franken zu tief. Sie hätte Gold aufkaufen müssen, um mehr Franken in die Welt zu setzen und den Kurs zu senken. Neben dem Kauf von Gold hätte die Nationalbank zwar Euros und Dollars erwerben, diese aber bei der Bank für Internationalen Zahlungsausgleich in Basel deponieren können – so nur mit dem Währungsrisiko behaftet. Doch die SNB ist dem Kartell der Notenbanken stillschweigend beigetreten und finanzierte verwahrloste Staatsbudgets im Westen mit. Sie stimmte auch der masslosen Geldvermehrung des Währungsfonds zu. Weniger brav zu sein, hätte verlangt, den frivolen Geldschöpfern des Dollar und des Euro zu signalisieren, dass die Geduld und Kaufbereitschaft nicht unendlich sei. Die Notenbank durfte nicht «Draghi's poodle» sein.

Die Schweiz unter lauter Verschwendern

Die Parlamentarier und Regierungen der reichen Länder haben seit fünfzig Jahren das Prinzip verlassen, dass nur ausgegeben werden soll, was man vorher erarbeitet und eingenommen hat. Das ist das Prinzip eines soliden Bürgersinns. Frankreich hat seit 1974 nie mehr ein ausgeglichenes Staatsbudget gehabt, Italien keines seit 1960 und die USA seit 1958 nur in vier Jahren, Grossbritannien ebenso. Schulden wurden angehäuft und nicht abbezahlt. Zwei Überzeugungen standen dahinter, erstens hat der Staat das Gewaltmonopol und kann dem Gläubiger der Schulden versichern, jederzeit die Bürger zur Deckung, also zu mehr Steuern, heranzuziehen. Zweitens gilt seit dem Ökonomen John M. Keynes 1936 die Lehre, dass Defizite ein Gewinn sind, sie kurbeln die Wirtschaft, das Wachstum, die Beschäftigung an, und aus dem Wachstum zahlen sich die Schulden wieder ab. Das ist eine für Politiker sehr gelegene Rechtfertigung überschiessender Ausgaben, wurde aber nur beim Ausgeben geübt, nie zur Rückzahlung. Ebenso wurde die Lehre andauernd genutzt, nicht nur in schweren Zeiten, wie Keynes empfahl, sondern jährlich wiederkehrend. Bis zum Jahr 2000 zahlten wachsende Volkswirtschaften und vor allem die bereits fühlbare Inflation viele Schulden ab, der Rest wurde weitergeschleppt.

Buchführen, Fälligkeiten, Rückzahlungen ausser Kurs

Doch seit der Finanzkrise geriet das Konzept aus dem Ruder. Anstatt Firmen und Banken wie es richtig ist, konsequent bankrottgehen zu lassen, retteten die Staaten diese, mit gigantischen Milliardenpaketen, für die sie sich ihrerseits verschuldeten. Die Notenbanken unterstützten dies mit dem Aufkauf der neu ausgegebenen Staatspapiere. Die Bilanzen der Banken, der Staaten, der Notenbanken schoben sich übereinander, hingen alle am selben Strick der Geldschöpfung («doom loop»), sie vernebelten aber damit die Fälligkeiten. Nun erschien den Parlamenten und Regierungen vollends alles «finanzierbar», und enorme Wunschpakete im Bereich mehrerer Tausend Milliarden Dollar und Euro wurden über die Haushalte und Firmen geschüttet – Zulagen, Sozialpakete, Rentenerhöhungen, Firmenfinanzierungen und -garantien, und zwar von den Regierungen Trump wie Biden. Ebenso verfuhren die Tories in England, eine Abkehr ohnegleichen von ihren früheren Grundsätzen. In der EU versanken die lateinischen Mitgliedsländer in noch höheren Schulden und spendeten noch mehr Wohltaten. Das «Movimento 5 Stelle» gewann 2018 die Wahlen mit dem versprochenen Grundeinkommen, Frankreich löste seine innenpolitischen Probleme unter Präsident Macron mit immer neuen Subsidien. Als schliesslich der Euro unter den Schuldenungleichgewichten zu reissen drohte, gelang es, Deutschland, die Niederlande, Österreich und Finnland zu ebenso enormen Milliardenpaketen an Krediten und Hilfen an den Süden sowie an Krediten des Europäischen Stabilitätsmechanismus (ESM) und zu künftigen EU-Defiziten zu zwingen – alles in den Verträgen verboten, aber: «Der Euro ist Europa», sagte Merkel. Vollends nach der überhasteten Energiewende und den Knappheiten aus dem Ukraine-Krieg und westlichen Boykotten schütteten alle, alle europäischen Länder bis 2022 nochmals Hunderte von Milliarden aus, teils als direkte Zahlungen an Haushalte und Firmen, teils durch gesenkte indirekte Steuern.

Das einzige Parlament, das solche Hilfen ablehnte, war jenes in Bern.

Alle Welt ist aus dem Marktsystem ausgetreten

Die Lage ist völlig verkehrt gegenüber früheren Wegmarken westlicher Gesellschaften. Preissteigerungen wurden als Marktsignale gesehen und in Selbstverantwortung getragen. Ökonomisch geradezu unsinnig ist es heute, bei Preissteigerungen mehr Geld in die Hände der Haushalte und Firmen zu legen. Umgekehrt nämlich hätte die Nachfrage dank zu hohen Preisen zurückgehen sollen, damit aber auch die Preise selbst. Von solchen Automatismen der Märkte, von Angebot und Nachfrage ist die reiche Welt ganz abgerückt. Ebenso unsinnig ist es aus ökonomischer Sicht, nun eine Notenbankpolitik zurück zu knappem Geld und höheren Zinsen als Bremse der Inflation führen zu wollen, jedoch gleichzeitig den Gashebel zu drücken mit noch höheren Mitteln und Subsidien der Staatsbudgets. Fiskalpolitik und Geldpolitik laufen gegeneinander. Jeder Student fiele durch, würde er so etwas vortragen. Die normale bürgerliche Umsicht ist aufgegeben. Offenbar ist die Lage so verfahren, dass nur noch Widersinn zu retten scheint. Das Eins-zu-eins von Sparen und Ausgeben ist weg. Letztlich führte die Kombination von Parteienwettbewerb in solchen Demokratien («wer bietet mehr?») plus die «Finanzierung» durch die Notenbanken plus der vulgäre Keynesianismus, dass alle defizitären Ausgaben gut sind, zu diesen unhaltbaren Schuldenlagen – eine verheerende Dreierkombination. Noch verheerender aber die Verdrehung der Köpfe: Nun sind in allen westlichen Ländern die Wähler der Meinung, dass alle Wünsche finanzierbar sind, dass alle Unbill mit Staatsmitteln überkleistert werden kann und dass einmal gesprochene «soziale» Ausgaben nie zurückgenommen werden dürfen.

Die nächsten Brüche mit dem Markt zur Abwendung des offenen Ruins werden sein: annullierte Staatsschulden aus dem riesigen Besitz der Notenbanken oder ihre Umschuldung auf 100 Jahre, Zwangsanlagen zu tiefen Zinsen zulasten der Versicherungen, Banken, Pensionskassen, dann Krypto-, Gold- und Bargeldverbote, die Amputation von Bankguthaben, Kapitalexportverbote und anderes mehr: Umbuchungen, Schreibübungen zur Verschleierung des Bankrotts. Die Inflation hilft nur kurz, da die Staatsschulden damit zwar real sinken, aber die Staatsausgaben mit der Inflation auch ansteigen (alle Renten sind indexiert versprochen). Oder ein Wachstum der Wirtschaft als Ausweg wird unter den Lasten aus Schulden und Wohlfahrtsmanna unmöglich, jedenfalls bringt es nicht die «escape velocity» im Wachstum, das alle Lasten hinter sich liesse.

Zeichen an der Wand in Grossbritannien

Der Herbst 2022 warf ein schrilles Licht auf solche Folgen. Die neue Premierministerin Liz Truss wollte ein Wachstum der «escape velocity» mit dem Brecheisen erzwingen – mit Steuersenkungen und massiven Subventionen an die Haushalte. Die Wertpapiermärkte fielen innert Stunden in ruinöse Tiefen, das Pfund auch. Eine Revolte des Parteistabs stürzte die Premierministerin, der neue Premier stellte Austerität in Aussicht, also höhere Steuern und gedrosselte Ausgaben – und die Märkte erholten sich. Damit ist der Weg für westliche Gesellschaften vorgezeichnet: Wenn kein neues Geld geschöpft wird, regieren die Märkte und verlangen Disziplin. Die Politik ist «marked to market». Doch wenn es weh tut, fallen Regierungen oder wenden sich die Notenbanken, das Resultat sind weitere hohe Inflation, politische Unstabilität, die Regierungen verlieren ihr Ansehen, die Notenbanken auch, und Hauruckentscheide in Form dürrer Communiqués, von Dekreten ohne Parlamente werden die Norm. Massenproteste rütteln an Grundfesten, Regierungen fallen, Parteien zersetzen sich.

Es riecht nach Dekadenz.

Dekadenz[6] wohlfahrtsstaatlicher Massengesellschaften

Der allgemeine Ruin (der Finanzen, der Währung, des Geldwerts) aber wird die Gesellschaften auflösen und in die Hölle der Anarchie oder des Autoritarismus entlassen. Oder zuerst das eine, dann das andere. Leider würden die Druckwellen daraus auch die Schweiz treffen, und wenn nur schon das Wirtschaftswachstum überall ausgebremst wird, spüren dies die Soliden auch. Das berechtigt sogar, den anderen ihr ungebührliches, schädliches Verhalten vor Augen zu führen, auf Konferenzen, bei Regierungsgesprächen, auf Notenbankkonferenzen, militant, was Schweizer Vertreter nie tun. Die Schweizer müssen im ureigensten Interesse auf Markt, Solidität, Bonität dringen.

«Leg dich quer, dann bist du wer!», diesen Mutmacher haben Schweizer Unterhändler selten befolgt. Sie verhalten sich wie das Kind bessergestellter Familien im Schulhof, dem die Gassenkinder das Pausenbrot abbetteln oder wegnehmen, weil es das Kämpfen verlernt hat.

Jedoch: Geldwert und Staatsbonität sind das Rückgrat der Staaten.

Verteidigung durch Markt und Mass und Mahnen

Wiederum erfährt die Schweiz dies als Schock von aussen. Denn ihre Politik machte diese Wende um 180 Grad nicht mit, und wiederum sind die anderen Länder ausgeschert, sind Sonderfälle eines neuen, abgebauten westlichen Weltstandards geworden. In den Jahren nach 2000 fuhr die schweizerische Budgetpolitik Überschüsse ein, die Schulden wurden zurückbezahlt – beim Bund, bei Kantonen, bei den Gemeinden. Das Parlament, wie beschrieben, lehnte die neueste Geldverteilung der anderen Länder gegen die steigenden Öl- und Konsumpreise ab. Die Arbeitsmarktbeteiligung stieg laufend an, auch während der Covid-Zeit (während in den angelsächsischen Ländern, in Südeuropa wegen der massiven Subsidien viele Arbeitende die Stellen aufgaben).

Die Gründe für die massvolle Finanzpolitik der Schweiz liegen in der haushälterischen Mentalität auch der Privaten, der Firmen. Sodann aber spielen Einrichtungen eine gewichtige Rolle. Erstens hat das Volk in einer denkwürdigen Abstimmung vor zwanzig Jahren den Politikern und sich selbst eine Schuldenbremse verpasst. Zweitens sind die Steuersätze in der Bundesverfassung verankert und können von spendablen Wohlfahrtspolitikern nicht erhöht werden, wenn es eng wird. Drittens sind die Steuern des Bundes in der Verfassung befristet, sie müssen von Volk und Kantonen regelmässig bestätigt werden, und das täte niemand gegenüber verschwenderischen Politikern.

Als neuestes Beispiel demonstrierten die Bundesbehörden und das Volk in der AHV-Abstimmung im September 2022, wie dieser Bürgersinn der Budgetpolitik abläuft: Das Rentenalter der Frauen sollte um ein Jahr angehoben, aber für die nächsten Rentnerinnen-Jahrgänge stark subventioniert werden. Die Kosten dazu wurden als Mehrwertsteuererhöhung im gleichen Paket vorgelegt. Das Volk bestellt und bezahlt. Gleichentags.

Viertens sichert die föderale Verteilung der Staatsaufgaben und -ausgaben in den Wählern das Wissen um das Budget und die Erkenntnis, dass Wohltaten nicht gratis sind, sondern von ihnen selbst bezahlt werden müssen. Wenn die föderalen Zuständigkeiten laufend ausgehöhlt werden, verfallen die Bürger dem allzuständigen Massenstaat aus Bern.

So gilt das Wort Frédéric Bastiats (1801–1850), «Der Staat ist die grosse Fiktion, dank welcher alle sich bemühen, auf Kosten aller zu leben» im ganzen Westen, nicht aber in der Schweiz.

Die althergebrachten Bürgertugenden blühen dank der Mentalität aus den langen Wurzeln selbstverantwortlicher Staatlichkeit.

Verträge zerrissen – die EU macht sich selbst zum Staat

«Wer sind wir», fragten wir zu Beginn. «Was ist die EU?» müssen die Schweizer endlich wissen, wenn verhandelt werden soll.

Die Europäische Wirtschaftsgemeinschaft (EWG), dann die Europäische Gemeinschaft (EG) haben in der Nachkriegszeit die Freizügigkeit, die Nichtdiskriminierung und den Marktzutritt in Europa geschaffen. Das reichte den Föderatoren aber von Anfang an nicht, gemäss der Präambel des EWG-Vertrags 1957 sollte alles zum «immer engeren Zusammenschluss» führen.

Der Europäische Gerichtshof (EuGH) ernannte sich zur Triebfeder dieser engeren Bindungen, ohne Auftrag und gegen die Vertragstexte, welche die Mitgliedsländer einstimmig beschworen hatten.

Rechtsbrechend ging der Europäische Gerichtshof vor, als er 1963 die Direktwirkung auf Individuen und Gerichte und 1964 den Vorrang des EG-Rechts vor nationalen Gesetzen und 1970 vor den Verfassungen verfügte und als er sich die Kompetenz nahm, «überwiegendes Allgemeininteresse» vor nationale Regeln zu setzen. Damit schob er den EU-Organen nie von den Mitgliedstaaten beschlossene Kompetenzen zu. Die Verträge sind vollends «konstitutionalisiert» (Dieter Grimm). In der Systemtheorie Niklas Luhmanns nennt man solche Selbstermächtigungen «autopoiesis». Legal, vertraglich, demokratisch legitimiert jedoch sind sie nicht.

Als die Bürger Frankreichs und der Niederlande 2005 die vorgeschlagene «Verfassung der EU» ablehnten, wurde diese materiell identisch zum «Vertrag von Lissabon» umgeschrieben und nur durch die Staats- oder Regierungsspitzen der Mitglieder beschlossen.

Die einzigen Völker, die eigens zum Euro befragt worden waren, lehnten ab: Dänemark, Schweden.

Die Anmassungen des EuGH könnten nur durch Vertragsrevision – also einstimmig – ausgesetzt werden. Bei Vertragsrevisionen brechen aber alle Ansprüche der Länder wieder auf und blockieren sich. Der Ausbau der EU durch das Gericht verschraubt daher die Macht. Die EU erstarrt institutionell, kann nicht rückgebaut werden.

Zwei Spielarten des Binnenmarkts

Als der EuGH 1979 mit dem «Cassis-de-Dijon-Prinzip» festlegte, dass Güter gemäss den nationalen Regeln auch im ganzen Binnenmarkt vertrieben werden dürfen, stiess er diesen auf Anhieb an, auch damals ohne Auftrag, er liberalisierte den Handel mit einem Federstrich. Doch die EU-Kommission reagierte in der Folge mit Tausenden fallweiser Vorschriften bis heute, um ihre Kompetenz zu betonen – nur so seien die Güter binnenmarktgerecht. Von diesem ab 1979 bereits freien Binnenhandel kam die EU so zu einem zentralstaatlich definierten Binnenmarkt. Vollends mit der «Einheitlichen Europäischen Akte» 1987 sind blosse Mehrheitsentscheide statt Einstimmigkeit für den Binnenmarkt die Regel. Nun erliess die Kommission dank dem nur noch mit Mehrheit entscheidenden Ministerrat Hunderte von Richtlinien für einheitliche Marktlösungen. Laufend bezeichnete sie auch Vorhaben als «binnenmarktnotwendig» – und damit nur einer Mehrheit, nicht einer Einstimmigkeit bedürfend – für Bereiche, die nie dafür vorgesehen waren. Die Kommission hat den Wettbewerb der Lösungen umdefiniert zum «Vorrang des Gemeinschaftsrechts». Regeln statt Markt.

Mit dieser Gesetzgebung durch die Ministerräte wird EU-Europa top-down regiert – die Parteichefs siegreicher nationaler

Parteien legen die Regierungsmitglieder fest, diese treffen sich als EU-Rat und entscheiden dort für die EU und zwingen deren Entschlüsse nachher den nationalen Parlamenten ohne möglichen Widerspruch auf, weil sonst das Parlament aufgelöst wird. Es ist eine Parteizentralen-Diktatur, national und europäisch.

Der «Wettbewerb der Lösungen» hat Europa grossgemacht

Nach dem Zerfall des karolingischen Reiches (Vertrag von Verdun 843) bildeten sich in Europa viele Einzelstaaten heraus: Republiken/Monarchien, Seefahrerstaaten/Kontinentalmächte, Aristokratien/Bürgerschaften. Peter Blickle hat diese selbstverwalteten Städte, Bünde, Gemeinden als «Kommunalismus» zur Ablösung des Feudalismus beschrieben – als Quelle der Freiheit. Jedenfalls sehen Historiker wie David Landes («The Wealth and Poverty of Nations», 1998) oder jeder Beobachter heute mit offenen Augen, dass dieser «Wettbewerb der Lösungen» ein Test von Gesellschaftspolitiken am «lebendigen Leib» ist und damit schlüssige Vergleiche, ja Empfehlungen, liefert. Doch Gerichtshof und Kommission wollen nivellieren, harmonisieren.

In neuerer Zeit schälten die Nationen beispielsweise ganz unterschiedliche Wohlfahrtssysteme heraus (Versicherungsprinzip wie in den Niederlanden oder der Schweiz oder staatliche Umverteilung), unterschiedliche Arbeitsmärkte (mit dem Vertrauen darauf, dass viel Arbeit auch viele Arbeitsstellen schafft wie in Dänemark, Norwegen oder der Schweiz, oder mit dem Abbau individueller Arbeitszeiten zur «Arbeitsumverteilung»), mit hoher Belastung der Arbeitslöhne durch Lohnabgaben wie in Frankreich, Italien, Deutschland, Belgien, oder aber Finanzierung des Sozialstaates durch direkte und indirekte Steuern wie in Dänemark. Auch die Haltung zur Geldwertstabilität war vor dem Euro völlig verschieden – harte Währung in Deutschland und den Niederlanden, wenig Fiskal- und Lohndisziplin in Italien, Frankreich, Spanien.

Der Euro – eine rissige Währungsunion

Der Euroraum besteht seit 1999, und schon 2010 zeigten sich die Konstruktionsfehler, die schon zuvor klar waren: In einer optimalen Währungsunion (nach Nobelpreisträger Robert Mundell) können immer wieder «asymmetrische Schocks» auftreten. Eine Region wird von einer Krise betroffen. Damit diese Regionen mit gleicher Währung, ohne die Möglichkeit, sie auf- oder abzuwerten, wieder ins Lot kommen, müssen zwei Bedingungen erfüllt sein – erstens müssen automatische Ausgleichszahlungen durch ein starkes Zentrum erfolgen (wie die Arbeitslosenversicherung im Bundesstaat Deutschland, Schweiz, Österreich, in den USA, und auch die bundesstaatlichen Finanzausgleiche, Transfers, Renten usw.), und zweitens müssen die Arbeitskräfte von betroffenen Regionen wegwandern. Beide Bedingungen fehlen im Währungsraum des Euro.

Ein weiterer Webfehler liegt darin, dass zwischen den nationalen Teilzentralbanken des Eurosystems die Defizite nicht ausgeglichen werden müssen (Target-Salden), sodass defizitäre Länder, im lateinischen Teil, Geld ausgeben oder Kapital flüchten können ohne Reue. Deutschland hatte im Januar 2023 schon 1187 Milliarden Euro u. a. von Italien und Spanien zugut, ohne sie einfordern zu können. In den USA müssen solche Salden jährlich ausgeglichen und verzinst werden.

Als sehr verhängnisvoller Webfehler stecken die vierzehn ehemaligen französischen Kolonien in Westafrika im Euro, seit der ihrem CFA-Franc gleichgestellte französische Franc im Euro aufging. Sie wurden zu den ärmsten Ländern der Welt. Sie können nicht abwerten, die zu billigen Importe überschwemmen sie, Exporte sind überteuert, die Oberschicht kann ihr Geld zu Höchstkursen nach Paris senden. Diese erzwungene koloniale Armut treibt die jungen Männer zu Hunderttausenden nach Europa.

Die Risslinien zeigen sich nun

Die EU kennt nun Risse zwischen Nord/Süd, zwischen West/Ost (wegen Migration und wegen unterschiedlicher Auffassungen von Demokratie; Deutschland reagiert verständnislos und schulmeisterlich).

Der Euro ist eine Währung ohne Staat, die Mitglieder sind Staaten ohne Währung.

Der Hilfsfonds European Stability Mechanism (ESM) ist seit der Eurokrise plötzlich eine Bank und räumte 2020 um die 500 Milliarden Euro Kredite ein für den Süden, inflationär aus dem Nichts geschaffen. Ausserdem sollten mit Garantie der Mitglieder des Euro 750 Milliarden Schulden auf den Märkten aufgenommen – und grossenteils von der EZB dann aufgekauft und monetisiert werden (sie versprach dies öffentlich am 15. März 2020). Weiter wird die EU 1000 Milliarden Euro als neue Schulden innert zehn Jahren aufnehmen – ein krasser Bruch des Schuldenverbots des Vertrags (AEUV Art. 310 ff). Dabei garantieren die überschuldeten Länder Frankreich, Italien und Spanien gemäss ihrem Stimmengewicht zusammen schon mal 49 % dieser von ihnen selbst bezogenen Hilfs- und Kreditpakete; auch eine «autopoiesis», sie versuchen auf diesem Weg, sich am eigenen Schopf aus dem Schuldensumpf zu ziehen. Deutschland, die Niederlande, Österreich garantieren aber zur gesamten Hand – wenn alle fallen, zahlen sie alles.

Fiskalunion nur beim Zahlen, nicht bei der Disziplin

Eine hastig gezimmerte Fiskalunion sollte nach 2010 ausserdem eine strikte Budgetdisziplin verfügen. Doch im ESM und in der Fiskalunion verfügen die überschuldeten Staaten über eine Blockiermehrheit gegen Sanktionen. 2022 wurden diese Budgetregeln gar offiziell abgeschafft, unter dem Druck der Verhältnisse. Doch diese Regeln des Maastricht-Vertrags gelten immer noch. So hielten sich zwölf weitere Jahre lang die südlichen Mitgliedstaaten, Frankreich inbegriffen, nicht an die Budgetdisziplin und versanken in einem Meer neuer Schulden. Mit der hohen daraus resultierenden Inflation müssen die Deutschen bitter feststellen, dass sie die DM für den Euro hingegeben und die Lira bekommen haben ...

Trotzdem sind diese «zentralen» Ausgleichszahlungen nicht das, was Robert Mundells Lehre verlangt, denn in einer Währungsunion müssten die nationalen Bezüge der Arbeitslosen, das Pensionsalter, die Sozialhilfe unter gleichen Bedingungen erfolgen. Dagegen bekommen sie heute EU-Gelder, ohne diese Disziplin zu befolgen. Eines Tages rebellieren jene Länder, die zahlen, aber nicht ziehen. Oder sie versuchen, ihre Regeln im Süden durchzusetzen, aber dann rebellieren diese Länder (und ihre bisher verwöhnten Bezüger).

Alle diese Regelbrüche und die enormen Lasten gingen die nationalen Regierungsvertreter auf EU-Gipfeln untereinander ein, die nationalen Parlamente wurden vor vollendete Tatsachen gestellt.

Die Schweiz und ihr Handlungsspielraum gegenüber der EU

Die Organe der EU, Kommission, Rat und Gerichtshof bauen die nationalen Umverteilungen, Regulierungen und sozialrechtlichen, arbeitsmarktlichen Sicherungen der Siebzigerjahre nun auch auf europäischer Ebene aus, immer im Namen des Binnenmarktes. Die EU ist ganz «sozialdemokratisches Zeitalter» (Ralf Dahrendorf). Dazu wird der als EU verfasste Teil Europas als «Idee Europa» in ausschliesslichen Beschlag genommen und sakralisiert: ein zivilisatorisches Fortschrittsprojekt.

Der Unterschied zwischen EU-Schwärmern und EU-Skeptikern ist demnach ihr gesellschaftliches Projekt, Sozialismus oder Liberalismus, Einebnung oder Wettbewerb der Lösungen – nicht hoher Mut oder nationale Eigenbrötelei.

Ein Beitritt zur EU rechtfertigt sich grundsätzlich nicht, weil die Schweizer Bürger ein anderes Markt- und Staatsverständnis haben. Staaten und Politiker sollen nicht harmonisieren, sondern im Wettbewerb stehen. Dies bricht Macht, führt zur liberalen, freiheitlichen Welt, es setzt auf eigene Vorhaben der Bürger, der Verbände, Regionen.

Alle neuen Mitglieder müssen den Euro übernehmen. Es wäre das Ende einer souveränen, weniger inflationistischen Geldpolitik, und wohl auch das Ende des Schweizer Finanzplatzes, weil die EU sofort ihre Finanzmarktregeln und Steuern darüberstülpen würde.

Ein gewisser Stolz gilt jedoch unserer jüngeren Geschichte: Die Schweiz hielt Distanz zu den visionären, totalen Gesellschafts- und Staatsentwürfen der «Romantik» Europas (schrieb Isaiah Berlin), also zu Kommunismus, Sozialismus, Faschismus, Supranationalismus und vielen anderen -ismen.

Diese skeptischen Erwägungen folgen der mentalen Variante der selbstbewussten Schweiz. Folgte man der den auswärtigen Wünschen und Vorstellungen zudienenden Variante, dann wäre jedes Abseitsstehen egoistisch, abschliessend-national. Die Einheitslösungen der EU, ihre Einebnung der sozialen, arbeitsmarktlichen, steuerlichen Unterschiede wären dann als höherwertig anzusehen, sie wären sakralisiert.

Die Schweizer liessen sich in dieser Sicht viel zu bereitwillig das Etikett «isolationistisch» anhängen. Vor allem aber kennen die wenigsten Schweizer Politiker (und EU-Befürworter) die fundamentale Wandlung der EWG–EG–EU von einem Handelsvertrag 1958 zum sich selbst ermächtigenden Superstaat und von einem Freihandelsraum zum zentral harmonisierten Binnenmarkt.

Abkommen mit der EU

Der Entwurf eines Rahmenabkommens Schweiz–EU folgte der beschriebenen Anpassungsmentalität.

Es waren vier Punkte der Anpassung vorgesehen:

Die Schweiz müsste alle weiteren EU-Rechtssetzungen übernehmen («dynamisch»), nicht nur in den fünf heutigen Bereichen, sondern in allen zum Vertragsbereich gehörenden Fragen. Die EU hat mit der masslosen Begriffsdehnung, was «binnenmarktnotwendig» sei, die eigenen Mitglieder unter den Rasenmäher der Vereinheitlichung gezwungen (bis die Briten genug hatten). Ein Land, das seine Gesetzgebung unbeeinflussbar dem Ausland überträgt, ist nicht souverän (Carl Schmitt: «Wer das geltende Recht aufheben kann, ist der Souverän»). Ein EWR-Beitritt zwänge ebenso, das fliessende EU-Recht zu übernehmen.

Zweitens hätte der Europäische Gerichtshof das letzte Wort. Der EuGH steht im vollen Dienste des «immer engeren Zusammenschlusses» der Brüsseler Bürokratie und der EU als Staat. Dieses Gericht duldet seinerseits keine «fremden Richter». Der EuGH betreibt eine Selbstermächtigung («autopoiesis», wie erwähnt parakonstitutionell und sogar antikonstitutionell). Er hat auch den Bruch des Beihilfeverbots in Art. 125 des Lissabonner Vertrags mit der Geldschöpfung im Euroraum mehrmals gebilligt und damit eine derartige politische Willfährigkeit gezeigt, dass Bern in Streitfällen nichts Gutes zu erwarten hätte.

Drittens müsste die Schweiz auf jeden anderen Rechtsweg verzichten (WTO, Den Haag, Ad-hoc-Schiedsgerichte) und sich dem EuGH der Vertragspartei unterwerfen. Es wäre ein Teilaustritt aus der WTO.

Viertens hätte sich die Schweiz verpflichtet, das grundlegende, bisher eigenständige Freihandelsabkommen von 1972 (einen Solitär der Bilateralen) neu auszuhandeln, was es denn auch unter die Knute des EuGH, des Verzichts auf andere Gerichte und des Paketzwangs brächte. So sehen Satrapien aus.

Künftiges Verhältnis zur EU

Das Ziel des Aussendepartementes, eine «institutionelle Bindung» an die EU zu erreichen, war ein Unding. Die EU wird nie ihre angestrebte straffe innere, gleichgerichtete Staatlichkeit aufgeben für ein Nichtmitglied. Geradezu landesschädigend sind die unerfahrenen Parlamentarier, die sich mit immer wieder neuen, unüberlegten Vorschlägen für ein Abkommen andienen; ein ehemaliger Staatssekretär bot sogar Tributzahlungen von Hunderten von Millionen jährlich für ein Abkommen an. Die Unterhändler der EU können nur auswählen aus dieser Palette von Angeboten ... Die Klagen vieler Verbände, Firmen, Verwaltungen über Handelshemmnisse schaffen für die EU laufend Gelegenheit für Gegenforderungen. Doch man ist eben nicht Mitglied, hat also nicht alle Vorteile. Dieses verwöhnte Land ist wehleidig geworden. Würde die Schweiz stillhalten, könnte sie, wenn die EU, was oft vorkommt, Änderungen im Verhältnis will, selbst Forderungen stellen, denn die EU ist ihrerseits oft «demandeur».

Viel eher soll die Schweiz einen «genügsamen Bilateralismus (nach Gerhard Schwarz) anstreben. Sie soll dort, wo es auf Teilgebieten beidseits wichtig ist, bilaterale Verträge abschliessen. Vor allem sind die Träume institutioneller Bindung aufzugeben. Die weiteren Verträge sind nicht in ein Paket zu bündeln, wie die bisherigen Bilateralen, an welchen dann die Schweiz nicht ein Pünktchen ändern kann.

Auf keinen Fall aber sollte die Schweiz aus Kurzsichtigkeit und Mutlosigkeit sich in die Arme eines überschuldeten, überalterten und überregulierten Kontinents werfen.

Staatssekretär Franz Blankart (1936–2021) sagte, man suche nicht von anderen wirtschaftliche Vorteile, indem man seine Institutionen ändere.

Doch sehen wir die Realität, nicht Wünsche, nicht bilaterale Wege allein an. Die Märkte sind allgemein dank den Abkommen der Welthandelsorganisation (WTO) weltweit geöffnet. Die Weltgesellschaft und die Weltwirtschaft leben aus vielen anderen allgemein anerkannten Standards, Normierungen und Rechtsakten (Internationale Fernmelde-Union UIT, Welt-Patentamt WIPO, CEN, CENELEC, International Accounting Standards Board [IASB], Internet Corporation for Assigned Names and Numbers [Icann], Weltpostverein). Die EU versucht auf vielen dieser Gebiete regionale Zusatzregulierungen zu machen, was unnötig, ja störend geworden ist.

Ein Freihandelsverhältnis mit wem auch immer, auch mit der EU, ist kein Rosinenpicken. Sondern beide haben – was die EU ja immer will – ein «level playing field», gleiche Spiesse also. Wer es auch noch theoretisch begründet sehen will: Freihandel macht den Importierenden wie den Exportierenden reicher, die EU wie die Schweiz also, weil alle sich auf das spezialisieren, was sie besser können. Kein Rosinenpicken also.

Das bessere Europa gibt es schon, die EFTA und übergreifend die WTO, Pazifikfreihandel

Die EFTA sollte zu einer freiheitlichen, freihändlerischen Alternative gegenüber der EU weiter ausgebaut werden. Dies wäre eine kreative und offensive Aufgabe für die Schweiz, Norwegen und für das ausgetretene Grossbritannien.

Die EFTA würde alle vier Freiheiten anbieten wie der EU-Binnenmarkt und die bilateralen Verträge auch, also für Güter wie heute, dann aber auch für Dienste, Personen (in gewissem Rahmen) und Kapital. Die Welthandelsorganisation (WTO) hat die Industriezölle fast beseitigt, den Zugang zu öffentlichen Märkten festgelegt, Diskriminierungen verboten und bietet erst noch obligatorische Schiedsgerichte bei Streitigkeiten. Ein solches gab 2022 der Schweiz erneut recht im Streit gegen die Stahlzölle der USA. Eine Freihandelszone wie die EFTA beliesse jedem Land die Aussenhandelspolitik. Der geschichtliche Moment für ein alternatives Angebot zur EU ist gekommen. Die «immer engere Union» hat den Segen der Völker nicht.

Auf der Grundlage zahlreicher Freihandelsabkommen, neuerdings rund um den Pazifik, wirtschaften die Schweiz, Norwegen, Singapur, Grossbritannien, halb Asien, die USA sowie Japan bald zollfrei in verschiedenen Konstellationen, und sie alle leben daher nicht im Alleingang, sondern im Weltgang.

Der Bundesrat und das Regierungssystem sind nicht EU-kompatibel

Hinzu kommt, dass das Schweizer Regierungssystem unkoordiniert, bottom-up, funktioniert, ohne Regierungsprogramm, dass daher seine Minister nicht in der Lage sind, die in den EU-Ministerräten üblichen Kreuzkompromisse aus dem Stand heraus anzubieten und zu Hause durchzuziehen. Das Parlament ist dem Bundesrat nicht verpflichtet und stimmt oft gegen ihn. Es kann nicht wie in den parlamentarischen Demokratien auf die Regierungszusagen im Ministerrat oder im Europäischen Rat eingeschworen werden, bei Strafe der Auflösung. Darüber hinaus sind die Volksrechte ein weiterer, nicht berechenbarer Mitspieler in den Entscheiden. Diese Unkoordinierbarkeit spricht ausdrücklich gegen eine Mitgliedschaft in den Gremien der EU. Die Schweiz könnte dort gerade keine gesicherte, glaubwürdige Stimme erheben, wie Beitrittsfreunde anführen. Die Mitgliedschaft müsste demnach – wenn die Schweiz glaubwürdig und mitsprachefähig sein möchte – zu einer inneren Hierarchisierung führen: Der Bundesrat müsste seine Zusagen aus dem EU-Ministerrat, und dem Europäischen Rat, im Parlament durchsetzen können, unter der Drohung einer Vertrauensabstimmung und allenfalls der Auflösung des Parlaments. Die Schweiz übernähme viele Züge einer nur «parlamentarischen Demokratie».

Wenn das Band des Friedens reisst – plötzlich Krieg

Der russische Angriff auf die unabhängige Ukraine 2022 hat eine endgültig geglaubte Befriedung in Europa beendet. Auch die Schweiz wurde aufgerüttelt, ein Krieg in der Nähe ist wohl der grösste Riss eines Umfelds, den ein Land sich denken kann.

Vorher genoss Europa Frieden, weil Deutschland erstmals demokratisch geworden war. Die vier vorherigen Bürgerkriege des Kontinents sind alle durch die autokratischen deutschen Regimes bedingt gewesen (1866, 1870, 1914, 1939). Keine der Demokratien hat einen kontinentalen Krieg angefangen, etwa die «Troisième République» Frankreichs oder das British Empire. Und bis zur Entfachung des preussisch-kleindeutschen Nationalismus herrschte in Europa fünfzig Jahre lang Friede (1815–1866). Sodann schützte und schützt der NATO-Schirm Europa seit 1949. Die meisten Länder genossen nach der Auflösung der Sowjetunion die «Friedensdividende» für ihre Budgets und rüsteten ab.

Die zwei mentalen Lager der Schweiz, auch bezüglich Krieg

Die russische Aggression löste einerseits im mentalen Lager der «Versteher» viele schützende Argumente aus. Man habe die Warnungen des russischen Präsidenten vor der Ausdehnung der NATO nicht ernst genommen, ja 1989 seien sogar Versicherungen diesbezüglich in Aussicht gestellt worden (allerdings nie verbindlich formuliert). Dem halten wehrbereitere Beobachter entgegen, dass Russland seit 1989 eine ganz andere Aussenpolitik als damals absehbar betrieben habe, mit Aggressionen, Einmischungen in Georgien, Tschetschenien, Syrien, der Krim. Russland 2022 ist nicht das Russland von 1989 mehr, sein Präsident betreibt offen eine ihm nie zugestandene Irredenta zugunsten der Grenzen der Sowjetunion, und Vorsichtsmassnahmen wie die NATO seien daher angebracht.

Als mittelgrosses, stabiles Land ohne Absichten der Dominanz, der territorialen Vergrösserung verteidigt die Schweiz die Grenzen aller Staaten so, wie die Geschichte sie gestaltet hat, auch so, wie sie diese amputiert hat. Man kann auf YouTube das Video «Die Grenzen Europas 1000–2013» ansehen – da blieb kein Grenzstein unberührt. Wenn alle Länder sie zurücksetzen wollten wie heute Russland oder 1939 Deutschland, Italien, wären Kriege aller gegen alle angesagt, was ja bis vor siebzig Jahren eine Tragik europäischer Geschichte war. Territorien wurden gewonnen, Menschen aber vernichtet. Ausserdem war Territorium nur in der alten Agrargesellschaft wichtig: je mehr Land, desto mehr Getreide; heute jedoch kann technische, industrielle Meisterschaft aus territorial beengten Staaten neue Riesen machen (Schweiz, Singapur, England, Japan, Taiwan).

Zusätzliches Entsetzen machte sich vor allem über den Zustand der deutschen Rüstung breit. Ebenso ist – glücklicherweise – undenkbar, dass die EU trotz ihres Wunsches nach geopolitischer Relevanz diese überhaupt nur im Ansatz hat, und undenkbar bleibt, dass sie die Heere der Mitglieder als «Bundesheer» einsetzen könnte. Es bleibt also bei der nationalen Wehrbereitschaft.

England ist gerüstet, aber Englands Austritt nahm der EU enorme Potenz weg, auch militärisch, denn Grossbritannien hat einen der zwei ständigen europäischen Sitze im UNO-Sicherheitsrat, führt zwanzig Stützpunkte weltweit, zusammen mit den USA, und die einzigen zwei stets einsatzbereiten Flugzeugträger. Die Rest-EU ist strategisch gesehen ein Schwänzchen westlich der eurasischen Landmasse. Geopolitisch bedeutsam sind höchstens die drei der sechs bis acht entscheidenden Meerengen der Welt, die in Europa liegen und Russland einsperren (Dardanellen, Skagerrak, Gibraltar). Ein bald eisfreies Nordmeer trifft seinerseits nur in Grossbritannien und in den USA gerüstete Wächter.

Handlungsmöglichkeiten für eine gerüstete Schweiz

Die Rüstung im engeren Sinne nimmt die Schweiz erneut an die Hand, die Kampfflugzeuge sind bestellt, das Loch im Luftraum des europäischen NATO-Schildes aufgefüllt. Aber die Verteidigung auf dem Territorium muss neu gedacht werden – Panzerung, Festungen, Munitionslager, Raketen, und die Abwehr all dessen gegen Feinde. Ein Vorteil der Landverteidigung ist der Schweiz zugewachsen in der Friedenszeit, nämlich die immer dichtere, feste Bebauung, von welcher schon Ende der Sechzigerjahre ein Armeekommandant sagte, der Betonwall wachse auch im Mittelland erfreulich heran. Das ist kein Bonmot, sondern, wie man gerade in der Ukraine sieht, der Häuserkampf, die Marschtüchtigkeit und das Überleben in extremen Lagen sind notwendig.

Auch ein noch so gut technisch hochgerüsteter Angreifer muss schliesslich das Territorium eins zu eins besetzen, halten, sonst nützt ihm alles nichts.

Eine besondere Bereitschaft der Schweiz aus dem Kalten Krieg rückt wieder ins Bewusstsein und wird privat bereits wieder geübt: der Notvorrat. Wenn Millionen Haushalte ihn anlegen, wird der ganze Staat kurz- und mittelfristig unabhängig von Notlagen, von Liefersperren, und die Vorräte sind dezentral auf das ganze Territorium verteilt. Und – sie kosten den Staat nichts.

Neutralität und Sanktionen

Die Sanktionen der westlichen Welt gegen Russland haben hingegen einen Kern des Selbstverständnisses und der Aussenpolitik der Schweiz getroffen – die Neutralität. Oder vielmehr eine gewisse verabsolutierte Haltung. Diese wurde eher von einem Teil der mentalen «Patrioten» getragen. Kritischere Stimmen hätten längst lieber eine aktivere, sanktionierende Schweizer Aussenpolitik, auch Aussenwirtschaftspolitik gesehen. Hingegen hat der Bundesrat diesmal darauf hingewiesen, dass die Neutralität nicht absolut ist, dass die Schweiz zwar nie in Kriegen, auch nicht mit Lieferungen eindeutigen Kriegsmaterials mitmacht. Das ist der Grundsatz, der Rest ist situative Praxis. So beschränkt man Lieferungen aus und nach Russland heute auf den «courant normal», um kriegsbedingte Zusatzleistungen zu unterbinden. Neutralität heisst auch, aufzustehen gegen krasse völkerrechtliche Rechtsbrüche, was in hohem Selbstinteresse der Schweiz liegt. Jedoch gilt nicht das, was Souveränitätsverfechter als Neutralität selbst und abschliessend definieren wollen, sondern auch, was die Mächte davon akzeptieren. Thukydides hat dies im «Peloponnesischen Krieg» (431–404 v. u. Z.) mit der Insel Melos gezeigt, die sich der mächtigen Allianz Athens verschloss, aber deshalb vernichtet wurde (5. Buch, Kap. 84). Die Mächtigen lassen Neutralität zu, oder eben nicht.

Mit einer Variante der Sanktionen im Ukraine-Krieg hat die westliche Welt, und die Schweiz damit, gleich zwei Grundsätze ihrer eigenen Werte über Bord geworfen – mit den Sperrungen der Oligarchenvermögen aus Russland. Sie wurden als illegal bezeichnet, obwohl sie entstanden sind gemäss den in Russland damals geltenden Gesetzen. Sie mögen illegitim sein, aber kaum illegal. Damit wird Legalität rückwirkend betrieben, ein Rechtsmissbrauch. Sodann konnte bisher in keinem Fall belegt werden, dass die Oligarchen persönlich zum Krieg geraten oder getrieben haben, womit diese Sperrungen oder Beschlagnahmungen den

Grundsatz «im Zweifel für den Angeklagten» verletzen. Auf praktischer Ebene war die Beschlagnahme der Yachten eine billige Konzession an den Populismus gegen Reiche, den sich der Westen sonst eher verbietet.

Zentralbankreserven: where is the money?

Auf andere Weise zeigten die Sanktionen ein etwas verstörendes Vorgehen in zweierlei Hinsicht. Einerseits haben die USA die Anlagen Russlands, inklusive der Reserven seiner Zentralbank, eingefroren. Überrascht kann nur jener sein, der solche Reserven als Goldsäcke begriff. Doch die meisten Notenbankreserven sind auf privaten Banken deponiert – als Buchgeld. Buchgeld entsteht durch solche Verbuchungen zwischen überweisenden Banken und ihren Krediten, jedoch entspricht jeder Einlage eine Verpflichtung anderswo. Reserven sind daher nur Gutschriften für solche Einlagen, keine Barmittel, kein richtiges Geld. Der Staat solcher Einlagebanken kann sie sperren, und das taten die westlichen Länder, und die Schweiz zog mit.

Andererseits aber taucht jetzt die Frage auf, wo denn die Hunderte an Milliarden Reserven der Schweizerischen Nationalbank liegen. Sie liegen genauso als Gutschriften und Wertpapiere, nicht als Goldsäcke, im internationalen Bankensystem, sie sind also genauso leicht einzufrieren, gar zu beschlagnahmen. Wenn die USA beispielsweise die SNB als Währungsmanipulator ernsthaft einstufen und verfolgen wollten, wenn die Schweiz die Sanktionen nicht mitmachte, die irgendwann schärfer befohlen werden, wenn die Europäische Zentralbank irgendwelche Notgriffe zur Rettung des Euro zöge, dann hätte die SNB mit ihren Aufkäufen von Dollar und Euro, mit der Anlage in Wertschriften jener Währungsräume ein riesiges politisches Risiko dazu aufgebaut. Sie ist erpressbar. Die Anlage in Gold oder bei der BIZ hätte, wie erwähnt, dies vermieden.

Einmal mehr unterstellen die Schweizer in Bravheit ihre sanften, innenpolitischen Haltungen und ihre Rechtssicherheit auch den ausländischen Gewalten, es fehlt die Fantasie des Schreckens.

Die Schweiz – vom US-Clearing geröntgt

Der Grund, warum die meisten Länder sofort auf die von den USA gewünschten Sanktionen eingeschwenkt sind, ist vielen unbekannt, geht aber auf ein Machtmittel zurück, das wirksamer als die 7. Flotte und Raketen ist – auf das Dollar-Clearing. Alle Banken wickeln täglich enorme Summen an Dollartransaktionen ab, und abends schliessen sie die Konten ab – und müssten nun die Transaktionen millionenfach gegeneinander vollziehen. Sie melden dies jedoch, einfach gesagt, einer Clearingstelle in New York und gleichen nur die Spitzen der gegenseitigen Verrechnungen ab. Damit aber haben die amerikanischen Behörden Kenntnis aller beteiligter Banken (die kleineren Banken gehen dazu über die Konten der grossen). Grossbanken, die sich den amerikanischen Wünschen widersetzen, können gesperrt werden – und fliegen aus dem Markt.

Dieses Machtmittel hat seinerzeit auch die Schweizer Grossbanken bei jeder Verdächtigung wegen kleiner oder grösserer Verstösse gegen die immer engeren US-Vorschriften «zu sofortiger Kooperation» gezwungen – und dies heisst meist, sogar interne E-Mails auszuliefern, womit die Beweise den US-Behörden frei Haus offenbart werden. Wie eng die Vorschriften schon sind, zeigte eine 200-Millionenbusse für die zwei Schweizer Grossbanken im Jahre 2022, weil sie, wie ebenfalls gebüsste US-Banken, mit den Kunden über WhatsApp verkehrten. An sich wäre dies zwischen Kunden und Banken auszufechten, die Kunden könnten sich abwenden. Aber auf marktwirtschaftliche Mechanismen baut Amerika, wie die EU, längst nicht mehr, sondern es ging zum «nudge» über, zum sanften oder energischeren Zwang des Verhaltens.

Unter dem Clearing-Radar durch?

Wie kann die Schweiz ihre Souveränität in dieser Frage besser wahren? Vielleicht würde es helfen, immer mehr Transaktionen in Euro statt in Dollar zu tätigen, denn ein Grossteil der Euro-Clearing-Geschäfte wird in London abgewickelt, also ausserhalb auch der immer zugriffigeren EU. Doch in einer angeschlagenen Währung verkehrt niemand gerne mit massiven Summen. Oder die Firmen und die Privaten müssten weniger naiv auf den hergebrachten «bürgerlichen» Anstand und dessen Respekt für die Privatsphäre der Schweiz durch andere Nationen, auch nicht durch die USA, vertrauen. Der Superstaat ist die Norm geworden. Wichtige Sachen sollten daher mit Briefpost erledigt werden, auf dem Telefonfestnetz besprochen und intern auf Kartonkärtchen («Stricknadelcomputer») abgelegt werden. Beteiligte Personen haben insofern einen Schutz, als die Schweiz keine ihrer Bürger ausliefert.

Die Schweiz und die Aussenseiternationen

Die Aussenseiternationen – in den Augen der USA – haben unter sich die Kontakte verstärkt. China, Russland, der Iran, Erdogans Türkei, Indien als gelegentlicher Kostgänger unter einem autoritären Premier und die Saudis, falls sie Yuan für Öl annehmen, wie Xi ihnen vorschlug, scheinen eine «Gang of bad boys» bilden zu wollen. China will ganz offen die USA als Weltmacht ablösen. Dazu gehören Pläne einer starken Währung, eines international anerkannten Finanzplatzes, vielleicht eine digitale Zentralbankwährung. Wenn der internationale Ölmarkt, die Rohstoffmärkte, viele Exporte und anschliessend Währungsreserven in chinesischer Währung abgewickelt werden, dann sinkt die Macht des Dollar-Clearing, der Sanktionen, der Kreditabhängigkeiten.

Diese Träume der Aussenseiter hinken im Moment im entscheidenden Punkt: Die Glaubwürdigkeit dieser Regimes ist null, denn ihre Machthaber entscheiden mit Federstrichen, was gilt, die Garantien eines Rechtsstaats fehlen. Wenn Chinas Machthaber Xi den reichsten Bürger, Jack Ma, aus der Öffentlichkeit abziehen kann, und am Parteikongress 2022 seinen eigenen Vorgänger öffentlich abführen lassen kann, dann wird kein Milliarden-Anleger sein Geld dort wagen. Doch Regimes können wechseln, Glaubwürdigkeit kann aufgebaut werden, und sie misst sich an der sinkenden Glaubwürdigkeit der ehemals «liberalen», rechtsstaatlichen USA. Ein halbwegs rechtsstaatliches China (und Russland, Persien, Indien) würde die Macht der USA relativieren. Die chinesische Führung hat bereits mit Deng Hsiao Ping ab 1978 gezeigt, dass sie diese innere Reform schafft. Präsident Xis Alleinherrschaft unterbricht sie, aber vielleicht nur vorübergehend. Die alten Fragen stellen sich: Sind Rechtsstaatlichkeit und freier Markt die notwendige Bedingung für Wohlstand und Ruhe, und wird wirtschaftlicher Wohlstand diesen Rahmen selbst erzwingen? Oder können die Marktordnung, die Rechtsstaatlichkeit ihre eigenen Grundlagen selbst nicht herstellen, nicht aufrechterhalten, und erodieren sie mit der Zeit durch institutionelle Risse? Im Moment werden die USA zunehmend ausschliessender, unversöhnlicher im Innern. Die EU wird zum autoritär sich selbst ermächtigenden Superstaat. Aber nichts ist endgültig. Autoritäre Regimes hingegen wie jenes von Präsident Xi oder jenes Russlands erodieren ihre gesellschaftlichen Grundlagen auf sicher.

Energiefluss reisst ab – Europas Quellen liegen hors-sol

Wie die meisten Länder Europas hat die Schweiz 2022 recht plötzlich gemerkt, dass die Grundlage der gesamten Zivilisation, die Energie, hauptsächlich anderswoher kommt, dass sie sozusagen hors-sol, ausserhalb der eigenen Erde, gewonnen und herangeführt wird.

Vom Klimanotstand zum Energienotstand

Das Erschrecken kam einerseits durch die Liefersperre durch Russland und dieSanktionen wegen des Ukraine-Überfalls, andererseits durch die vorher selbst herbeigeführten Engpässe der «Energiewende». Die Klimaveränderung war dem CO_2-Ausstoss angelastet worden, und nach dem Tsunami beim Atomkraftwerk 2011 in Japan radikalisierte sie sich auch gegen die Atomkraft. Nun waren nicht nur das Öl, das Gas aufzugeben, sondern auch das Atom als Stromquelle abzuschaffen. Dass in Japan das Meer dem Atomkraftwerk den Garaus gemacht hatte, nicht technische Fehlfunktionen, wurde übersehen – in Deutschland und, wie immer von dort sofort abgeguckt, auch in der Schweiz. Die Atomkraftwerke in Deutschland, das Kraftwerk Mühleberg in der Schweiz sollten stillgelegt werden. Doch die Politik machte den Hahn zu, ohne den Ersatz bereitzuhaben. Die Stromquellen Sonne und Wind waren noch schwach und unzuverlässig. Weltweit reaktivierten Parlamente, die noch drei Jahre zuvor die Klimaaktivistin Greta Thunberg mit stehenden Ovationen gefeiert und sofort den «Klimanotstand» ausgerufen hatten, nunmehr die Kohle, das Öl, Gas und Atom.

Unverständlich bleibt auch der radikale Ruf nach «net zero», also der Abkehr von 100 % Fossilien auf null. Schon 50 % wären gut, aber die Politiker setzen wieder hauptsächlich auf nur eine Schiene – auf Strom.

Zu viele Energiepolitiken der Politiker

An sich hatten die Industrieländer bereits eine auf längere Frist angelegte Energiepolitik entwickelt, in den USA, in EU-Europa und in der Schweiz, allerdings mit einem dummen, inneren Widerspruch. Denn einerseits stürzten sich die Politiker und Bürokratien auf immer neue Verbrauchsvorschriften, auf Limiten für Geräte, Autos, Flugzeuge, Haushaltsgeräte, Heizungen. Andererseits verfügten sie für die grossen Verbraucher kontingentierte Klimazertifikate, die diese erwerben mussten. Dieser letztere Weg war grundsätzlich richtig, er internalisiert die unterstellten externen Schädlichkeiten der Energie auf die Verbraucher, etwa mittels der wenigen grossen Ölimporteure, welche die Kosten über die Verkaufspreise fein auf jeden Verbraucher verteilen. Der Zertifikatshandel läuft also ohne Polizisten und Kontrollen bis in die Details, anders als die Verbrauchsvorschriften. Kombiniert die Politik aber diese zwei Wege der Energieeinsparung und wirken die Verbrauchslimiten der Produkte und Prozesse wirklich, dann fällt der Energieverbrauch, dann werden die Klimazertifikate billiger, und deren Nutzer können den Verbrauch aufdrehen. Man nennt dies «rebound». Was die einen sparen, fällt den anderen zu – und das wird nicht überlegt.

Die Pflicht, Zertifikate zu kaufen, muss demgegenüber auf alle Energielieferungen und damit indirekt auf ihre Kunden verlegt werden, dann innovieren diese alle selbst, ohne Kommando, und situativ. Hier liegt das Programm «Fit für 55» der EU richtig. Werden dann die Zertifikate teurer, durch den Handel oder durch die rollende Reduktion zwecks der Klimaziele, dann müssen nicht bürokratisch gezimmerte Produktvorschriften überarbeitet und gegen Widerstände verschärft werden, sondern die Energieverbraucher passen ihre Standards ebenso rollend an.

Es wird hierauf diesem Produzenten, jenen Konsumenten doch mal zu teuer, und sie sparen. Vergessen gingen in der Energiewende auch die enormen Materialien an Aluminium, Kupfer, Stahl, Bauten, seltenen Rohstoffen, die in Solarpanels, Windturbinen, Batterien verwendet werden müssen. Das Auto zu verkaufen, bei 19 Grad einen Pullover zu tragen, würde die Energiewende grossenteils schaffen.

In den meisten Kantonen subventioniert der Staat nun Luftwärmepumpen, verlangt aber den Abbruch der Ölheizung und des Öltanks. Er würde gescheiter den Wechselanschluss Strom/Öl subventionieren – damit hätten Hunderttausende Heizungen noch das Öl als Notvorrat, dezentral, kontrollierbar.

Der Schluss aus der bisherigen, hastig gezimmerten Politik der Energiewende bleibt daher, dass die Politik nicht die Technologie wählen soll, also Gas, Öl, Strom, dass sie keine Gerätepolitik machen soll, sondern, wenn schon, durch indirekte Belastungen via Zertifikatshandel und -verteuerung internalisieren muss. Die Politik ist überall auf schnelle Effekte und Vordergründiges angelegt. Doch wer als Hausbesitzer, als Industrieller, als Energielieferant handeln soll, muss buchstäblich auf Jahrzehnte hinaus planen und sein eigenes Geld dafür hinlegen.

Und wenn man einfach spart?

Die grüne Politik aller Lager ist viel zu sehr auf «alternative Energien» fokussiert – man will zwar andere, aber nicht weniger Energie. Das wird immer teurer, die Politiker subventionieren dies mit steigenden Mitteln (man sehe im Internet unter «Energiefranken.ch» nach, welche Wunderwelt an Hebeln für eben doch immer mehr Energie angeboten wird).

Viele Politiker und NGOs versprachen eine Energiewende mit mehr Komfort, mehr Arbeitsplätzen, mehr Wohlsein – echtes

Wachstum. Die Krise zeigt, dass das vollmundig war und dass es, entsetzlich, etwas kostet. Wo bleiben die Prediger gegen Verschwendung und fürs Sparen?

Die Zusammenhänge dazu gehen quer durch die Politikgebiete, etwa über die vielfach geschundene Landschaft: Jeder Einwohner (nicht nur jeder Haushalt) hat seit dreissig Jahren ein Zimmer mehr zur Verfügung, zusätzlich angebaut, die Zuwanderer natürlich auch. Aber das war eben die Wachstumsgemeinschaft – Mieter, Baulöwen, Pensionskassen, Anleger, Ortsplaner, Banken waren alle mit an Bord. Doch darf in den Augen der meisten Politiker das Wohnen nur wenig kosten. «Erschwingliche Wohnungen» werden den Bauplänen vorgeschrieben, werden vom Staat erstellt oder für Genossenschaften subventioniert. Ans Energiesparen durch knappen Wohnraum an sich denkt niemand, man beruhigt sich mit besseren Isolationsvorschriften. Doch das beste Sparen und der beste Landschaftsschutz geraten über die Rationierung des Wohnraums durch dessen Preis, die Mieten, die Boden- und die Hypothekarkosten (von der Nationalbank jetzt fünfzehn Jahre lang sträflich verbilligt). Zusammenrücken ist bessere Politik. Den Haushalten in der Not hilft unsere Sozialpolitik mit den Mietzuschüssen, sie suchen sich dann die Wohnung, unter die anderen Bürger gemischt. Falsch sind staatliche, städtische Wohnkasernen, unter welchen Europa ächzt, welche Arme und Immigranten absondern, welche zu Ghettos werden, die der Eigenjustiz oder dem Bandentreiben rufen.

Wohnen in einem engen Land kann nicht teuer genug sein. Siedlungspolitik ist auch Energiepolitik. Man kann etwa schätzen, dass alle alternativ hergestellte Energie seit 2000 allein durch die immer neu installierten Rolltreppen und Klimatisierungen aufgefressen worden ist. Beide Gerätegruppen verzehren viel Energie und sind unnützer Komfort. Denn neben den Rolltreppen wurden immer auch Aufzüge für die wirklich Gehbehinderten eingerichtet. Die anderen sollen Treppen steigen, zum Nutzen der Energie und der Volksgesundheit. Und Gebäude können in unseren Breitengraden ohne Weiteres in den heissesten Zeiten nachts durchgelüftet und gekühlt werden. Es braucht nur Isolation – und Disziplin abends beim Öffnen und morgens beim Schliessen der Läden ...

Die Schweiz handelt: Speicherseen als Batterien

Glücklicherweise ist die Schweiz in der Energiekrise begünstigt durch die erwähnte, uralte Ausstattung mit Wasser und dessen Gefälle: Die laufenden Kraftwerke produzieren viel eigenen Strom, und die massiv ausgebauten und noch auszubauenden Speicherseen bieten einen «backstop», der den aus Wind und Sonne mittags aufkommenden «Flatterstrom» Europas aufnehmen, speichern und teurer wieder verkaufen lässt, den Atomstrom Frankreichs ebenfalls. Das beschlossene, eigene Solarprogramm in den Alpen wird die Seen weiter schonen. Das fehlende Stromabkommen mit der EU lässt uns längerfristig ohne Mangel, es federt aber Belastungsstösse aus dem europäischen Markt nicht ab. Die Speicherseen kann man als Verhandlungs-Chip für eine praktische oder formale Übereinkunft sehen.

Fazit aus Energiekrise, Finanzkrise, Eurokrise, Covid-19

Generell zeigte sich die Schweizer Politik in Notlagen erstaunlich griffig, wie seinerzeit rund um die UBS-Rettung oder mit den Covid-19-Krediten oder mit den Kreditgarantien der Stromfirmen: Die wegen Terminverträgen in Liquiditätsnöte geratene Axpo wurde innert Tagen mit einer Bundesgarantie versehen, im Notrecht, das Vorgehen dann Tage darnach mit einer Gesetzesänderung abgefedert. Diese institutionelle Synthese zwischen Not und Demokratie lässt die Schweiz für weitere Krisenzeiten als gerüstet erscheinen – ohne die von Hysterikern stets dann beschworenen extrakonstitutionellen Krisenstäbe. Ebenso wenig hat sie sich zu einem autoritären Staat gewandelt, wie manche unken. Im Gegenteil, die Schweiz gleicht auch hier der altrömischen Republik, wo in der Not ein Diktator ernannt wurde, der aber wieder zurücktrat wie Cincinnatus – und bei uns fällt das Notrecht in die Norm zurück. In unserem Staat, der von unten her gestaltet wird, haben Volksinitiativen das üppige Krisen- und Kriegsrecht nach 1945 weggeschmettert.

Zuwanderung oder «Staatsvolk»

Die Schweiz zählt bereits 8,7 Millionen Einwohner, von denen ein Viertel Ausländer sind. Das ist einer der höchsten Anteile in Europa. Das bestätigt die «capacity to attract» – eine schmeichelhafte Lage. Weniger geschmeichelt als Ökonomen oder inlandorientierte Verkaufsfirmen sehen es jene, welche die Kosten für die Infrastruktur ausrechnen. Die Verkehrskilometer auf Autobahnen stiegen an, jene in den Bahnen ebenfalls (vor Covid-19). Der Stromverbrauch stieg an, der Anteil selbstproduzierten Stromes fiel. Die Zahl der erwerbslosen Ausländer verdoppelte sich beinahe, die Zahl fremdsprachiger Schüler stieg um die Hälfte – solche Listen stellte der «Nebelspalter» 2022 zusammen.

Die Bevölkerung nimmt durch den Geburtenüberschuss nur wenig zu, um die 20000 Kinder im Jahr. Hingegen wanderten manche Jahre nach 2000 um die 200000 Personen zu. Allerdings wandern halb bis dreiviertel so viel jährlich auch weg. Fakt ist, die Lebenspläne, der Komfort rivalisierten mit dem Kinderwunsch. Oder die Frauen befürchten, ohne neue Rollenteilung die alleinigen Lastträgerinnen zu werden, wie Frauen mit den Tonkrügen auf dem Kopf in Afrika.

Unterschwellig sehen manche Aufnahmewillige die zuziehenden Personen aus armen Ländern als «wild in the woods», wie es der Autor Robert Whelan nannte («The Myth of the Noble Eco-Savage», 1999). Manche sehen Migranten als Angehörige ursprünglicher, naturnaher, unschuldiger Völker, die von Unheil vertrieben werden, alle ohne Eigeninteresse (etwa um reicher zu werden), ohne Fehl und Tadel, aufgeschlossen für Ökologie und Soziales. Falls gescheiterte Staaten («failed states») ihre eigenen Landeskinder zur Flucht treiben, würde diese Mentalität unterstellen, die Verwerfungen aller solch autoritärer Regimes auffangen zu müssen und zu können – durch Zuwanderung.

Das andere «mentale Lager» aller Länder hingegen erschrickt ob der hohen Zahlen, ob der Kosten, ob der latent bevorzugten Behandlung und Sozialhilfe im Vergleich zu vielen Inländern, befürchtet kulturelle Dissonanzen und dass so viele Migranten unmöglich die Einrichtungen und Einstellungen des Landes mittragen werden.

Der Vorwurf allerdings aus dem unbeschränkt willkommen heissenden Lager, dass Skepsis und Vorsicht gegenüber der Einwanderung schon Nationalismus seien, entspricht einem Redeverbot. Jeder Staat ist berechtigt, die Regeln seiner Einwanderung und der Niederlassung selbst zu erlassen.

Freier Zuzug, aber gebrochene Regeln?

Der Grundsatz, dass ein Staat die Einwohnerschaft selbst bestimmen soll, ritzt sich an den überkommenen Regeln der europaweiten Freizügigkeit. Die Schweiz hat «passive Freizügigkeit» gewährt wie kein anderer Staat, aber die Rechtssysteme der EU und der Schweiz laufen auseinander. So wird die Freizügigkeit in der EU selbst nicht nach Textbuch angewandt, die Sozialrichtlinie, die Arbeitsmarktregeln schaffen Gefälle der Wanderungen, und das Dublin-Abkommen (Erstasyl) ist weitgehend ausser Anwendung. Die Schweiz hat gemäss völkerrechtlicher Regel «rebus sic stantibus» (da sich die Dinge anders darstellen) das Recht auf Praxisänderungen und soll sie geltend machen.

Rechtsstaat, nicht Stammesherrschaft

Wer allerdings auf der gemeinsamen Abstammung, also auf Genen («Blut») als konstitutivem Element eines Staatsvolkes besteht, der ist auf dem Holzweg früherer Stammesgesellschaften gefangen. Ebenso gilt nie die in der deutschen Romantik durch Hegel, Herder, Fichte gehätschelte Einheit von Volk, Sprache, Kultur, Territorium als Staatsdefinition. Europa ist spätestens seit den Weltkriegen, heute durch die Wanderungen, demografisch gemischt, kennt keine geschlossenen Staatsvölker mehr, nur Mehrheiten aus früheren Zeiten. Was manche als Willensnation, gerade im Falle der Schweiz, ausmachen, hat Cicero schon im alten Rom so formuliert: «Der Staat [...] ist die Sache des Volkes; Volk aber ist nicht jede beliebig zusammengewürfelte Anhäufung von Menschen, sondern der Zusammenschluss einer grösseren Zahl, die durch eine einheitliche Rechtsordnung und ein gemeinsames Staatsziel zu einer Gesellschaft wird» (De re publica). Da hat man's, das Niederlassungs- und Bürgerrecht aller fliesst aus ihrer Anerkennung von Verfassung, ZGB, OR, StGB ... Das moderne Staatsvolk konstituiert sich daraus. Ebenso sollen alle ein Interesse am Nutzen durch diese gesellschaftlichen Institutionen haben (und, Cicero ist an anderen Stellen klar: auch dazu beitragen). Dieser utilitaristische Zug bildet eine handfeste Grundlage fürs Zusammenleben.

Die in allen Ländern militantere Seite der Aufnahmewilligen führte jedoch in der EU, in Deutschland, mit den Regeln der Strassburger Konventionen, dann in der Schweiz durch deren Übernahme zum Familiennachzug in auf- und absteigender Linie, zu breiten Sozialhilfen und zur Forderung nach rascher Staatsbürgerschaft.

Der Staat ist rassen- und religionsblind

Abgesehen von mentalen, ideologischen Einstellungen wird man wie Paracelsus feststellen, dass allein die «Dosis das Problem schafft». Der Test der Dosis ist sicher die öffentliche Ordnung, und bisher unterzieht sich die überwiegende Mehrheit der Zuwanderer jeder Kategorie den republikanischen Gesetzen, der Gleichheit vor dem Gesetz (ZGB, OR, StGB), und sie verdient ihren Unterhalt selbst. Darauf muss strikte bestanden werden: es dürfen gewisse Einwanderergruppen nicht unter sich eigene, importierte Regeln, Familien- und Heiratsgesetze, Gerichtsbarkeiten, Gruppenrechte üben. Mit Gruppenrecht zerfällt die Gesellschaft tatsächlich. Keine Religionsgemeinschaft darf die anderen herabsetzen oder verhetzen. Das heisst auch, dass Sozialhilfen nicht nach ethnischer Zugehörigkeit ausgerichtet werden dürfen. Sonst verhärtet der Staat selbst die oft dann offensiv vorgetragene «identity» wie in den USA, er setzt andere Gruppen zurück und spaltet damit die Gesellschaft von oben.

Als Kollateraleffekt davon darf der Staat nicht einige Religionsgemeinschaften anerkennen, andere nicht. Es geht nicht an, einige wenige zu begünstigen, deren Steuern einzuziehen, den anderen Religionen, meist von Zuzügern, dieses Privileg abzuschlagen. Der republikanische Staat ist rassenblind, farbenblind, religionsblind, weitgehend geschlechterblind.

Internationale Organisationen – auch übernational zuständig?

Wie schlank und nützlich waren doch die ersten internationalen Organisationen, der Weltpostverein, die Rheinschifffahrtsakte, die Fernmeldeunion. Wie aufdringlich, von Funktionären gesteuert und gleichmacherisch über die Nationen hinweg sind die seit 1945 gegründeten Büros heute.

Der «Mission creep» als Rechtsanmassung

Zu den expansiven Einrichtungen gehören die OECD, die Weltbank, der Weltwährungsfonds, die Strassburger Menschenrechtsorganisation, die UNO allgemein, die EU im Besonderen.

Zuerst fällt auf – alle machen alles. Die spezifischen Zwecke der Gründung wurden ausgeweitet auf Entwicklung, Nachhaltigkeit, Klimaschutz, Frauen, Covid-19, und seit Kurzem machen alle auch auf Ukraine-Hilfe. Das muss in den Augen dieser Bürokratien auch so sein, denn das Gute hat keine Grenzen, und es kann nur durch umfassendes Handeln auf allen Gebieten erreicht werden.

Der amerikanische Ausdruck «mission creep» beschreibt und kritisiert, wie diese Organisationen sich kaum je beschlossene Mandate erschleichen. Die Experten solcher Organisationen stolpern überall über die in solcher Breitbandmission tätigen Kollegen der EU, der UNO, der FAO, der Unesco, des Arbeitsamtes, der Weltbank. Denn alle haben überall Regionalbüros.

Aber es wabert nicht nur die bürokratische Allmachtsfantasie der Organisationen. Die nationalen Politiker, welche deren Konferenzen beschicken, welche die Generalsekretäre wählen, die Mittel bereitstellen, erliegen meist dem Zauber der Sakralisierung hoher Missionen, weil meist dafür bereits vorher Wohlgesonnene in den zuständigen Parlamentsausschüssen sitzen. Die übrigen Mitglieder der nationalen Regierungen und Parlamente haben anderes zu tun, ihr «attention span» gegenüber den Organisationen ist kurz, ihre Mandatszeit ebenfalls, jedenfalls kürzer als jene der Generalsekretäre und Experten.

Organisationen als Gesetzgeber

Zugunsten steigender Kompetenzen internationaler Organisationen läuft das «Spiel über die Bande»: Ungeliebte Massnahmen können die nationalen Politiker durch internationale Organisationen beschliessen und sie vor den Wählern zu Hause als leidige Pflicht rechtfertigen. Die massivste Kompetenzanmassung der OECD und der G20 hatte 2021 das internationale Steuerkartell gegenüber Konzernen durchgesetzt. Alle Nationen müssen sie nun im Auftrag der OECD mit mindestens 15% besteuern. Ein weiterer Dreh des «mission creep» steckt natürlich dahinter. Die grossen Mächte, die USA, die EU konnten damit die widerstrebenden mittleren, kleinen, aber sparsamen Steuerstaaten an die Leine nehmen. Sonst hätten Grosse wie die USA und die EU direkt Druck machen müssen. So blieb das Gesicht aller gewahrt.

Das sakrale Gute verfolgt die Strassburger Behörde der Menschenrechte. Im ursprünglichen Abkommen wollten die Unterzeichnerstaaten das zwingende Völkerrecht («ius cogens») formulieren und sichern – keine Sklaverei, keine Folter, keinen Rassismus, demokratische Verfahren und Rechtssicherheit. Daraus wurde nun aber, nicht durch Vertragsrevisionen, sondern durch unablässig tätige Juristenkomitees, eine Rechthaberei, die in nationale Sozialhilfen eingreift, Gerichte kujoniert und der Schweiz immer wieder Regeln der Parteienfinanzierung vorschreiben will.

Geradezu als Gesetzgeber griff der Strassburger Gerichtshof 2022 in die Witwerrente ein, die der Rente der Frauen angeglichen werden sollte. Das Bundesgericht hingegen hatte sich damit auch befasst, die Ungerechtigkeit festgestellt, aber weil der AHV-Gesetzgeber dies gewollt habe, bleibe es so – die dritte Gewalt, das Gericht, setzt hierzulande die Entscheide der Legislativgewalt um, nicht mehr. Nun kommt das Gesetz aus einem Gerichtshof, der im Menschenrechtsvertrag nicht zum Sozialversicherungsgericht ausersehen ist.

Die Rechtsprechung des Gerichtshofs mache «die Konvention zu einem lebendigen Instrument», rühmt die Webseite, rühmen auch gewisse Völkerrechtler. Sie begrüssen die «dynamische Entwicklung des Völkerrechts», also solcher Konventionen, Kommissionen, Gerichte und Büros aus eigener Machtvollkommenheit. Diesem Anspruch steht der souveräne Staat gegenüber, wie im Westfälischen Frieden 1648 definiert.

Die Schweiz stiftet und befolgt Völkerrecht

Zwar sind internationale Verträge und die internationalen, darauf gegründeten Organisationen auch eine Quelle des Völkerrechts, aber eben für die ausdrücklich abgetretenen staatlichen Rechte, nicht mehr. Viele Staaten pflegen den «Monismus», der das Völkerrecht über das nationale Recht stellt. Aber dann kann dieses Völkerrecht nicht dynamisch über die Staaten hinwegschreiten, sonst wird es zum nationalen Gesetzgeber. Dies geschähe aber ohne jede demokratische Mitsprache, es wäre «legislation without representation», im Falle des OECD-Steuerzwangs sogar «taxation without representation». Deshalb müssen gerade solche, gegenüber dem Völkerrechtsvorrang offene Nationen das dynamische Weiterwabern der Internationalen ablehnen. In der neuen Bundesverfassung haben Juristen ohne grosses Aufsehen die Schweiz ebenfalls in Richtung des Monismus gestossen, in Art. 5, Abs. 4. Die Schweiz muss daher auf dem bestehen, was sie in den Verträgen ausdrücklich zugestanden hatte, nicht auf Dynamik.

Die Kompetenz, eigene Kompetenzen festzulegen, schrieb man sonst nur den Göttern zu. In der EU, in Strassburg, in der OECD wurde diese Kompetenzkompetenz zum vertragsbrechenden «mission creep».

Die einzelnen Bürger können sich dessen kaum erwehren. Die Theorie der Politik zweifelt im «collective action problem», ob eine grosse Menge betroffener Bürger sich gegen Anmassungen der zupackenden Zentralen zusammenraufen kann. Sie sind zuerst unmerklich betroffen, der individuelle Schaden rechtfertigt nicht den totalen Widerstand, und wenn der «mission creep» sich kumuliert, ist es zu spät. Erst dann fällt es auf, dass auf dem Foto der Teilnehmer des G20-Gipfels die Hälfte gar keine Staatschefs sind, sondern Funktionäre der OECD, der Weltbank, der EU, des Weltwährungsfonds, der Notenbanken: verkappte Weltgesetzgeber, und nie von einem Staatsvolk gewählt.

Handeln auf internationalem Parkett

Ein erster Schluss daraus: Der Nationalstaat soll gegen dynamisch verzerrtes Vertrags- und Völkerrecht aufstehen, allenfalls austreten. Dies ist die schlüssigste Handlungsmöglichkeit der Schweiz in solcher Lage. Ausserdem zeichnete sich vor einigen Jahren in der Aussendiplomatie ein «Club der Kleinstaaten» ab: Die tüchtigen, kleinen Staaten wie die Schweiz, Singapur, in Skandinavien, im Baltikum, in Asien hätten zusammen doch ein Stimmengewicht in solchen Organisationen, das Aufsehen macht. Und dies bis zu einem Austritt. Denn bricht die Universalität der Organisationen weg, fällt ihre Legitimität. Zweitens: Zu schätzen sind die nüchternen, vertragstreuen internationalen Fachorganisationen – die Fernmeldeunion, das Weltpatentamt, der Weltpostverein, die Welthandelsorganisation mit ihren verbindlichen, aber von betroffenen Staaten zusammengesetzten Schiedsgerichten. Achtenswert sind die EFTA und alle Freihandelsverträge, schlank und nützlich.

Die Schweiz in der Welt

Importe und Exporte sind deutliche Zeichen der Verankerung in der Weltwirtschaft, und nicht nur im europäischen Binnenmarkt. Dieser ist insgesamt und allein für sich immer noch ein grosser Kunde, doch steigt seit dem Jahre 2000 die Bedeutung der USA und Chinas fast raketenartig an. Mit China ist der Handel weiterhin überschüssig zugunsten der Schweiz, rechnet man die Dienste mit ein. Dies schafft kaum ein anderer Handelspartner, die meisten sind stark nur von Importen aus China abhängig. Zählt man überdies die Goldexporte nach China aus der Schweiz mit, dann ist die Handelsbilanz geradezu massiv überschüssig. Die chinesische Zentralbank kauft intensiv Gold (während die SNB unverständlicherweise nach 1995 auf Beschluss des Weltwährungsfonds, wie viele Zentralbanken, Gold verschleuderte).

Auch insgesamt hat die Schweiz einen grossen Überschuss im Verkehr mit dem Ausland – im Güterhandel (vor allem dank Pharma, nämlich 40 % des Totals), mit vielen Diensten, Gold, Kapitaleinkünften. Der Wohlstand des Landes, seiner Arbeitenden, der Privaten wie der Firmen, springt daraus. Anekdotisch kann man vorrechnen, dass alle Autos, die im Lande herumfahren, allein schon durch die Uhrenexporte bezahlt werden. Für jeden Wagen also mussten in der Welt drei, vier Käufer teurer mechanischer Uhren gefunden werden.

Globalisierung richtig angepackt

Die Verflechtung der Länder über den Handel treibt als «Globalisierung» die beiden mentalen Lager um, ängstlich und kritisch die einen, einverstanden und teilnehmend die anderen.

Doch hinter den Denkschablonen, aber dank der Warenflüsse sind Milliarden Menschen in einen spürbaren Wohlstand aufgestiegen, sind alle diese Arbeitenden und Firmeninhaber an Austausch und Aufschwung interessiert.

Die Welthandelsorganisation, 1948 als GATT (General Agreement on Tariffs and Trade) gegründet, hat in mehreren Verhandlungsrunden die Industriezölle weltweit auf einige Prozente des Warenwerts senken können. Öffentliche Aufträge und Beschaffungen werden unter vielen Mitgliedsländern ausgeschrieben. Schikanen durch Sondernormen und Mengenbeschränkungen sind untersagt. Dazu kamen regionale, freie Tauschmärkte, wie die EFTA, die Nordamerikanische Freihandelszone, und neuerdings die asiatischen und pazifischen grossen Freihandelsorganisationen (ASEAN Plus 6 oder RCEP und TPP). Solche Freihandelspakte sind – im Gegensatz zur Zollunion EU – selbstausführend, ohne Bürokratie.

Schwesterrepublik der USA – auch in der Landwirtschaft

Die Schweiz hat 1848 nicht einfach der noch jungen USA die Verfassung abgeguckt. Ebenso verbindet uns der mentale Hintergrund. Die Schweiz ist angelsächsischer als grosse Teile des Kontinents, liberaler, mehr auf Selbstverwaltung von unten eingestellt, auch utilitaristischer, ohne falsche Scham der Leistung und des Geldverdienens, und dem Markt daher offen zugewandt.

Wirtschaftlich haben die USA zum stärksten einzelnen Handelspartner der Schweiz aufgeschlossen, sie haben darin Deutschland überholt. Auch die gegenseitige Verflechtung über erworbene Firmenanteile ist sehr hoch, ebenso das dichte Netz gegenseitiger Filialen. Die Jungen holen sich neue Ideen eher in amerikanischen als in europäischen Universitäten.

Das umfassende Netz der Freihandelsabkommen der Schweiz hat jedoch eine Lücke – ein Abkommen mit den USA. Dieses hängt von einer Reform der schweizerischen Landwirtschaftspolitik ab.

Denn erstaunlicherweise sind die USA stark in Dienste-Exporten und in Agrargütern, die Schweiz hingegen in Maschinen und Pharma. Damit ein Deal für die beidseitigen Interessen gelingt, muss der hohe Grad an hiesiger Protektion sinken, ehrlicherweise auf so wenig, wie die USA die Schweizer Industriegüter behindern. Ein Handelsabkommen rührt daher an eine der schweizerischen Erstarrungen, die mit der Zeit unsere gute Wettbewerbsposition erodieren lassen könnten.

Die Regionalpolitiker, die grünen Parteien, Landschafts- und Heimatschutzverbände rühmen die ausserökonomischen Vorteile der Landwirtschaft, sie sei multifunktional. Einige dieser Mythen wurden klar widerlegt – die Artenvielfalt leidet unter intensiver Nutzung und Düngung, auch Quellwasser wird vielerorts unrein, die vielen Nutztiere belasten das Klima, und die Nettoleistung an Kalorien, abzüglich also der importierten Dünger und Futtermittel, ist bescheiden, manche sagen, sie liege bei null. Die Nettowertschöpfung der gesamten Landwirtschaft liegt unter jener einer einzigen mittleren Industriefirma (1,9 Milliarden Franken im Jahr).

Doch die Landwirtschaftspolitik könnte ohne Mythen besser betrieben werden. Dann würde man zuerst den Landschaftsschutz an sich betreiben, wie er durch Raumplanung, Waldgesetz u.a. möglich ist und nicht durch den Erhalt der viel zu kleinen Betriebe. Die Verhäuselung des Landes unterbliebe, wenn nicht jede der 2500 Gemeinden überall verstreut Bauzonen einrichtete, sondern wenn überkommunale Verdichtungen einerseits und andererseits zur Kompensation andernorts naturbelassene, die Gemeinden überschreitende Räume definiert würden (dank dem «Landschaftsrappen» auf den Strompreisen halten mehrere Gemeinden die Greina-Ebene unbebaut). Die Landwirtschaftsprotektion wird missbraucht, um das Versagen eines besseren Landschaftsschutzes zu überspielen.

Sodann würde man die zu hohen Direktzahlungen nicht mehr an die Bauernfamilie auf Kleinhöfen binden, sondern auch Personengruppen, Genossenschaften, Firmen damit anregen.

Der Aufwand an öffentlichen Zahlungen (3 Milliarden), an Kontrollen (3600 Franken Verwaltungskosten pro Hof im Jahr) hingegen ist heute stupend hoch.

Das ländliche Gewerbe lebt teilweise vom Schutzschirm für die Landwirtschaft, aber auch Zulieferer, die von den detaillierten Vorschriften der Zulieferung und Verwertung der Branche profitieren. Hingegen verliert die einheimische Verarbeitungsindustrie wegen des Preisniveaus, also hoher Kosten, viele Chancen. Die Zölle und Importsperren aufzuheben, stimuliert den Wettbewerb und die Innovation, wie dies beim gegenüber der EU zollbefreiten Käse geschah. Es gilt, die längerfristigen Interessen aller Branchen zu sehen, der Landwirtschaft selbst, welcher die schon Jahrzehnte garantierte Erstarrung eine Scheinblüte verschafft.

Das neue Asien und das komplizierte, ach so soziale Europa

In Asien hat sich das neue weltwirtschaftliche Schwergewicht gebildet, nur schon bevölkerungsmässig, neben den bekannten Riesen Japan, China und Indien, etwa mit Indonesien, Pakistan, Bangladesch, den Philippinen, Vietnam, von welchen zwei zusammen oft grösser als die EU oder Russland sind. Die zwei neuen asiatischen grossen Freihandelsräume mit ihrem Gewicht und ihrer Dynamik gehen die Schweizer Wirtschaft bald mehr an als alles andere – die Comprehensive and Progressive Agreement for Trans-Pacific Partnership (CPTPP = 13% des Weltsozialprodukts, mit China 32%) und das Indo-Pacific Economic Framework (IPEF = 40% des Weltsozialprodukts): Freihandel, ohne die regulatorischen Schikanen der EU. Daher: einsteigen, mitmachen! Der Blick des Schweizer Kaninchens auf die EU-Schlange (16% des Weltprodukts, Tendenz fallend) übersieht Asien …

Die Schweizer Wirtschaft, also ihre Firmen, ist auf diese neue Weltwirtschaft ausgerichtet, die Vertreter, Fachleute, Kader und Monteure schwärmen aus, als unabdingbare Erntehelfer, was eine von Inlandthemen beschwerte Öffentlichkeit kaum wahrnimmt.

Bremsen der Wettbewerbsfähigkeit rühren aus den Soziallasten, die auf die Löhne geschlagen werden, wie in Frankreich. Hier hat die Schweiz massgehalten. Wie man sich trotz hohen Binnenlöhnen in der Weltwirtschaft gut positioniert, zeigt Dänemark: Die Kosten des – nicht billigen – Sozialstaates jenes Landes werden durch eine hohe Mehrwertsteuer, durch hohe persönliche Steuern aufgebracht. Hingegen sind die Löhne fast Nettolöhne, es gibt kaum Prämien weder für die Arbeitgeber noch für die Arbeitenden. Das sehen Politiker der anderen Länder meist erst ein, wenn die Firmen eingehen oder wegwandern, und sie belasten die Firmen in kleinen Schritten, aber stetig. In der Schweiz hat man frohen Herzens vor Jahren den 1. August zum obligatorischen Feiertag erklärt. Das sind schlicht 0,5% weniger Arbeitsleistung pro Arbeitnehmer im Jahr, zulasten der Firmen (bei Monatslöhnen, die unverändert blieben); oder die Politik hat die Kinderzulagen (Familienzulagen) einfach mal massiv erhöht und vereinheitlicht, wobei hier der ganze neue Kostenblock nicht paritätisch, sondern nur von den Firmen getragen wird. Die Politiker haben nicht gerechnet. Aber das neue Asien steigt in die Mittelklasse, teils sogar in die Techno-Aristokratie auf und legt sich nicht solche Ketten aller Art an. Die Schweizer individuell und als wettbewerbende Nation sollten sich mit dem neuen Asien messen, nicht am absteigenden Europa.

Kluge Werte und Worte

Werte geben uns Individuen Halt im Leben, sie schaffen zwischen den Individuen einen benennbaren Boden, Werte sind auch in den Gesetzen verankert.

Allerdings wanken heute viele davon. Die Bürger verlieren grosse Teile des sicher geglaubten Rahmens. Was gelten Rechte, wenn immer mehr Rechte gegenläufig zu anderen Ansprüchen zugesichert werden, wenn sie in endlosen Rekurskaskaden angefochten werden können? Welchen Wert haben Worte, die plötzlich angefochten werden, die als verdächtig auf niedere Gesinnung, als Rassismus oder Diskriminierung angefochten werden? Dürfen Staat und Organisationen den Bürgern Werte, Verhalten, Sprache aufdringen, mit Zückerchen oder mit Nachteilen nahelegen («nudge»)?

Gefühlswerte, Moral

Umstritten sind Werte auch zwischen den Nationen. Sie teilen nicht alle dieselben Werte – was aber ist verbindlich, wie viel gleicher Werte sind zwischen den Nationen notwendig, und darf ein Staat dem andern Werte aufdrängen?

Zu letzterer Frage ist in Deutschland das Wort von der Wertegemeinschaft aufgekommen. Weniger schön, als es tönt, sind seine Auswirkungen im Lande und zwischen den Ländern. Niemand kann eine genaue Tabelle vorbringen, wo dies alles so klar steht. Es ist eine alte deutsche Denkfalle, von «Gemeinschaft» zu fabulieren, anstatt von «Gesellschaft» zu reden. Wie der Soziologe und Ökonom Ferdinand Tönnies schon vor 140 Jahren auseinandersetzte, bindet Gemeinschaft Gefühle, Gewohnheiten, Traditionen, und Zweck und Mittel sind eins. Der Begriff der Gesellschaft hingegen ist rational, ordnet die Mittel den Zwecken unter und agiert mit analytischen Verstandesleistungen wie Bedacht, Beschluss, Begriff. Man sieht, Gefühle, Moral und Gemeinschaft sind nicht rational vermittelbar; gesellschaftliche, rationale, analytische Arrangements hingegen schon. Politik soll Letzteres pflegen, Gemeinschaftsduselei schafft keine gemeinsamen Wege, schliesst aus, schafft Risse in der Gesellschaft. Wer «Wertegemeinschaft» einfordert, setzt seine Deutungsmacht ein, fordert stromlinienförmiges Denken.

Wenn also vornehmlich deutsche Politiker und Philosophen die Wertegemeinschaft anderen Ländern vorsetzen, sind sie aggressiv und verständnislos, denn das ist nicht verhandelbar. Insbesondere gegenüber Osteuropa, Russland, China ergeht diese Anmassung.

Rationale Aufklärung oder deutsche Romantik

Die deutsche Philosophie als Klammer deutschen Denkens ist oft fern der angelsächsischen Denkart aus der Aufklärung Englands, Schottlands. Diese ist praktisch, möglichst rational, jenseits der Gefühle, auch utilitaristisch, erlaubt also selbstbezogenes Handeln, ja setzt es voraus, damit Märkte funktionieren. Adam Smith fand, dass wir das Fleisch vom Metzger nicht unter Hinweis auf unseren Hunger erbitten, sondern weil wir es bezahlen.

Die Deutschschweizer sollten auf solche Worte der blossen Gefühle, der Wertegemeinschaft, kritisch achten und eher ihren angelsächsischen Neigungen folgen. Wir haben es sozusagen amtlich, denn Luther sagte zu Zwingli, «Ihr habt einen anderen Geist als wir!». Das betraf das Abendmahl mit der Luther immer noch teuren mystischen Wandlung. Aber der Toggenburger Zwingli war nüchterner. Er liess als Erster weltweit die Pfarrgemeinden direktdemokratisch abstimmen, welchen Glauben sie annehmen wollten. Luther steckte es hinter die Fürsten, und im Augsburger Frieden 1555 kam der Entscheid endgültig von oben, wer wo was zu glauben hatte («cuius regio, eius religio»). Bottom-up gegen top-down, ein Gegensatz Eidgenossen–Deutsche bis ins Jenseits des Seelenheils.

Den Graben zwischen den Wurzeln der oft gefühlsmässigen, romantischen deutschen Denkart und der Aufklärung hat Isaiah Berlin herausgearbeitet («Die Wurzeln der Romantik»), bei Hegel, Herder, Fichte. Daraus krochen, so Isaiah Berlin, alle -ismen des verheerenden 20. Jahrhunderts (Kommunismus, Faschismus, Rassismus, Imperialismus usw.).

Denn die romantische Haltung zum Leben missachtet feste, rational erkennbare Strukturen, sie betont den sprunghaft freien Willen, gegen alles anzustehen, allenfalls auch zu scheitern, in Tragik zu enden. Für Hegel, Hölderlin ist das Glück nicht das Ziel der Menschheit. Welch ein Kontrast zur angelsächsischen Aufklärung, wo die Unabhängigkeitserklärung der Amerikaner von 1776 «the Pursuit of Happiness» zum unveräusserlichen Recht erklärt! Auch der aufklärerische Pariser Revolutionär Saint-Just proklamierte 1794 « Le bonheur est une idée neuve en Europe ». Dagegen übertrugen diese deutschen Philosophen und ihre Schüler die individuelle Selbstübersteigerung des Willens auf Gruppen, auf Nationen. Es geht für «Romantiker» nicht darum, das rational Richtige zu verfolgen, sondern Ideale, frei gewählt, anzustreben, daran zu scheitern, wenn schon, aber das ist individuell anzustrebende Ethik, Wahrheit, ungeachtet der Folgen im Allgemeinen, welche aber von einem rationalen, utilitaristischen Standpunkt aus zu beachten wären.

Mythen, Tragik, Staatsaltar

Die deutsche Staatsvergottung hatte bei Hegel begonnen («Der Staat ist die Wirklichkeit der sittlichen Idee»), die Auffassung des Lebens als Heroik und Tragik hat deutsches privates und öffentliches Leben oft gekennzeichnet, von den germanischen Sagen und deren Auferstehung bei Wagners Opern bis zu Martin Heideggers

«Der Tod ist eigenste Möglichkeit des Daseins» (in: «Sein und Zeit»). Zu vieles wurde auf dem Altar des Staates geopfert, 1914, 1939. Nietzsches Denken ist wie Heideggers magisch-mythisch raunend, braucht Wörter, die zusammengeklebt sind und keine rationalen Begriffe hergeben, sondern Gefühle. Auch Peter Sloterdijk ist dem allem nicht ganz fremd, und angelsächsische Kritiker weiden sich an seinem Gewurstel. Hingegen sagt Sloterdijk zur deutschen Philosophie: «Deutschland ist die grösste Exportnation für Irrtümer» (NZZ-Interview vom 24. Nov. 2022). Die Autoren der «Frankfurter Schule» waren diesem raunenden Stil auch nahe. Die Fähigkeit im Deutschen, aus zwei Wörtern ein Doppelwort zu bilden, suggeriert zu oft, dass damit auch ein Begriff entstanden ist, ohne weitere Definitionen. Es ist leichter, eine englisch geschriebene, rational und mit gebräuchlichen Worten geschriebene Philosophie auf Deutsch zu übersetzen als umgekehrt.

Zur Ehrenrettung deutscher Denker sei nach Ferdinand Tönnies auch der Soziologe Max Weber angeführt. Wenn alle von Ethik reden, in Firmen, Politik, Umweltpolitik, Aussenpolitik, dann ist es zwingend, zwischen Gesinnungsethik und Verantwortungsethik zu unterscheiden. Gesinnungsethik ist jene des stillen Kämmerleins, des Herzens (ich tue nichts Unrechtes, nie), aber Verantwortungsethik sieht auf die gesamten Folgen, ist rational, kühler, kühner. Sie ist pragmatisch, nicht ideologisch.

In der obigen Unterscheidung erkennt man unschwer auch die zwei mentalen Lager in der Schweiz, und als Gewinn der Auslegeordnung mag man erkennen, was die Schweiz auszeichnet und was daraus gepflegt werden muss.

Die Schweiz ist pragmatisch, in allen Landesteilen. Reden sind eher lakonisch und kommen auf den Punkt. Schweizer sind utilitaristischer, sie pflegen den eigenen Vorteil auf Märkten und in der Politik, in Verbandspolitik ohne falsche Scham – im Wissen, dass bei pragmatischem Handeln solcher Vorteil die Grenze im Vorteil des andern findet. Und – man lässt fünfe gerade sein.

Etwas unterhalb der philosophischen Ebene übersetzen sich solche Grundformen des Denkens aus dem Norden in politische Haltungen: dass Reichtum und Unterschiede die «Gemeinschaft» störten; dass der Markt und sein selbstbezogenes Handeln nicht «solidarisch» seien; dass alles «aufgearbeitet» werden müsse, anstatt fünf gerade sein zu lassen; dass der Staat zuoberst in der Gesellschaft zu sehen sei (und die Politiker), nicht die Freiheit. In der ökonomischen Theorie folgen viele deutsche Ökonomen dem Ordoliberalismus, sehen den liberalen Markt nur durch den vom Staat vorgegebenen Rahmen agieren. Moral und Solidarität tauchen oft politikstiftend auf. Die Praxis deutscher Politik gegenüber den Brüsseler Institutionen kann ihrerseits als oft schwärmerische «Solidarität» zugunsten Europas, als Sakralisierung der Union gesehen werden. Dafür gibt Deutschlands Europapolitik hohe, früher hochgehaltene eigene Haushalts- und Währungsgrundsätze auf und zahlt enorme Summen in gemeinsame Töpfe ein, über deren Verwendung (las man Verschwendung?) im lateinisch-griechischen Süden, in Frankreich und im Osten es nicht verfügen kann. Gewisse östliche und südliche Mitgliedsländer lohnen ihm diese freiwillig konstruierte Wertegemeinschaft wenig.

Orientalismus

Als westlichen «Orientalismus» weisen Redner, Dichter in Osteuropa und im Islam die westliche Auffassung zurück, der Westen sei vor Langem in den aufgeklärten Fortschritt durchgestartet, während jene Gebiete (und Geisteshaltungen) zurückgeblieben seien. Die Aufklärung bekomme jedoch diesen Gebieten nicht.

Diese der von Isaiah Berlin definierten «Romantik» ähnliche Geisteshaltung prägt in Ablegern auch slawische Geschichts- und Gesellschaftsauffassungen, bis hin auch zu Denkern des Islam. Der Heroismus der Individuen, der Nation, ihre Auflehnung, ihr Scheitern und vor allem die Verachtung des aufklärerischen Westens und seiner Erfolge sind Züge solcher Auffassungen. Der Westen erscheint dekadent, die slawische, die islamische Volksgemeinschaft ist eine zentrale Referenz. Die Regeln der Aufklärung in Rationalität und in Menschenrechten gelten als nicht anwendbar. Der russische Präsident Putin vertritt solchen Slawismus ausdrücklich in seinen Reden. Anlässlich einer Grossveranstaltung in einem Stadion (am 18. März 2022) liess er den Panslawisten Fyodor Tyutchev auf einem Bildschirm einblenden, der in einem Gedicht die Russen warnte, sie würden immer als Sklaven durch die europäische Aufklärung hintangesetzt werden.

Solche Dichter – von Denkern sollte man nicht reden – verfechten Nostalgie, Haltungen gegen den Fortschritt, tragisches Scheitern der Slawen (seit der Schlacht auf dem Amselfeld 1389 eine geläufige Chiffre) bis hin zu Paranoia gegen alles Fremde. Ebenso vertreten manche die mystische Einheit von Volk, Führung und Kirche in Russland. Der französische Gelehrte Dominique Moïsi unterscheidet «Angst-, Hoffnungs- oder Ressentimentgesellschaften», Letztere bei Arabern und Russen.

Erstaunlicherweise pflegt auch der Präsident Chinas, Xi, diese Verlierermentalität und versucht sie in Angriffigkeit einerseits, in den Rückzug Chinas von westlichen, aufgeklärten Menschenrechten andererseits umzusetzen: Ein «Jahrhundert der Demütigungen» Chinas müsse er rächen, sagte er 2022. Unter dem Vorwand dieses Feindbildes hofft er das Land hinter seiner Machtstellung zu scharen – und allenfalls als Aggression nach aussen, nach Taiwan zu tragen.

Braucht die Schweiz andere Institutionen?

Immer wieder rufen manche, die mit dem gemächlichen Gang der Dinge unzufrieden sind, nach institutionellen Reformen. Andere, zusätzliche Einrichtungen sollen als lahm oder falsch empfundenes Politisieren korrigieren. Man versetzt die Torpfosten, anstatt besser zu spielen. Das geht von der Neueinteilung der Kantone zur Neugewichtung ihrer Ständestimmen über die Erweiterung des Bundesrats, über höhere Unterschriftenzahlen für Referenden und Initiativen bis hin zum Stimmrecht der 16-Jährigen oder der Ausländer, und eher in der Westschweiz rufen immer wieder manche nach einem Conseil économique et social. Hin und wieder verlangen manche auch ein Berufsparlament, andere einen «Bürgerrat» oder eine «Gegenvorschlags-Kommission».

Doch die Schweizer Institutionen beweisen, dass sie sachgemäss funktionieren, die Langsamkeit zeugt eben von einem anderen, wie in den USA wirkenden Prinzip, von den eingebauten Gegengewichten der Gewalten («checks-and-balances»).

Stäbe sind eben Stäbe, sperrig

Vor allem sollte man sich hüten, für jedes vermeintlich neue Problem neue Sonderstäbe einzurichten. Hätten sie eigene Kompetenzen, wäre die Verfassung geritzt, haben sie diese nicht, dann geht das konkrete Handeln doch alles über die gewohnten Gewalten, aber komplizierter. Die Verantwortlichkeiten solcher Sonderstäbe sind unklar, meist nicht in politischem Sinne vorhanden. Sie lähmen aber mit ihren Zwischenschritten den normalen Lauf der

Organe. Nüchterne Betrachter müssen sich amüsieren über die Experten, welche Notfallstäbe, Taskforces, «Führung» fordern, frisch ab Hochschultexten. Man darf die Gegenfrage an die vielen gut dotierten Verwaltungsstellen richten: Können sie das denn nicht selbst? Abschreckendes Beispiel dürfte Frankreich sein, wo jedes neue Problem mit solchen «Observatoires», «Conseils», «Délégués» garniert wird (und oft mit Dienstwagen, vielen Beamten dazu) – etwa für Informatik, Energie, Arbeitsmarkt, Gesundheit und selbstverständlich für «Ethik» in allen Schattierungen, für Gleichstellung, für Rassismusfragen usw.

Eine alte Erfahrung spricht ebenfalls gegen Sonderstäbe: Eher reisst man eine Eiche aus dem Boden, als dass man Stäbe wieder abschaffen kann. Man versuche es mit den üppigen Institutionen des Schweizerischen Wissenschaftsrates, des Nationalfonds, einer Universität oder mit der ohne Not geschaffenen «Oberaufsicht Berufliche Vorsorge», die acht perfekt funktionierende regionale Aufsichten nochmals beaufsichtigt und nach zehn Jahren schon 28 Mitarbeiter und Jungakademiker besoldet. Oder mit Swissmedic, die viele internationale Zulassungen nachdoppelt.

Eine Erfahrung aus der Praxis, leider, kommt aus der Verwaltungsgerichtsbarkeit, die der juristischen Perfektion halber, wie im Ausland, eingeführt wurde: Hier verlängerten sich die Rekurswege um eine Instanz mehr, hier werden nun nicht nur die strittigen Fachfragen selbst beurteilt, sondern Rekurse gegen einzelne Verfahrensschritte, gegen Zuständigkeiten, gegen Beweisvorlagen und viel anderes geführt. Diese Institution war unnötig, schuf Heere von Juristen, nicht im Gericht, sondern bei den Streitparteien, hundertfach. Vorher hatte jedes eidgenössische Departement eine interne Rekurskommission aus Fachleuten (Architekten, Gesundheitsexperten, Verkehrs-, Umweltfachleute usw.), die rasch und in Sachkenntnis, ohne juristische Schnörkel, entschieden.

Es geht uns Bürgern wie Rilkes Panther: «Ihm ist, als ob es tausend Stäbe gäbe und hinter tausend Stäben keine Welt.»

Rekurswucherungen im Gesetz selbst abschneiden

Als Abhilfe müssen vorderhand in den Gesetzen selbst die Rekursmöglichkeiten beschränkt oder ausgeschlossen werden. Das tönt befremdend, wenn man sich das andauernde «Weiterziehen» durch alle Instanzen als beste Ausprägung eines Rechtsstaates vorstellt. Doch schon die Römer sagten, «summum ius summa iniuria» (maximal durchgesetztes Recht wird Unrecht). Die Rekursmöglichkeiten wurden durchgesetzt gegen den autoritären früheren Staat der Monarchien, Rekurse gegen Willkür, gegen Justizirrtümer. Doch wir leben heute im Gegenteil, durch Beschwerde- und Gerichtskaskaden können private Rechte der einen durch laufende Einsprachen der anderen behindert werden, ohne dass je ein Urteil erfolgt – man gibt auf. NGOs haben es hierin oft zur Perfektion gebracht, im Flüchtlingswesen und anderswo spucken ihre PCs routinemässig Rekursformulare aus. Rekurse bremsen oft den Gang der Gerechtigkeit aus, weil auch zwielichtige Gestalten ihre Advokaten haben.

Eine mächtige Nationalbank oder Politik

Es stellt sich angesichts der angeführten Kritiken an der Nationalbankpolitik seit 2008 die Frage, wie unabhängig eine Notenbank sein soll, wenn sie so viele ökonomische, soziale, landschaftliche und migratorische Fragen beeinflusst, die Vermögenswerte, die Spar- und Pensionskassenrenditen, den Bauboom.

Die nicht immer sachgerechten, selten raschen Entscheide der Politik, beispielsweise mit ihrer Kurzsichtigkeit, Inkonsequenz bei der Energiepolitik, stimmen wenig zuversichtlich, dass sie, anstatt der Notenbankleitung, es besser gemacht hätte. Ein von der Tagespolitik und der Parteienkoalition geführtes Direktorium der Notenbank wäre das Ende souveräner Geldpolitik. Immerhin wird heute schon das Direktorium durch den Bundesrat oft mit einem Seitenblick auf die politische Familie bestellt, aus welcher die Kandidaten kommen. Der beratende

Bankrat seinerseits ist parteipolitisch und nach Sozialpartnern austariert. Früher noch stärker als heute.

Auch ein ganzes Land, die Politiker, die Notenbanker lernen nur durch Fehler. Immerhin kann eine aussenstehende Notenbank gegen Fehler der Politik antreten, und die Politik soll wachsam und aktiv auf ihren eigenen Gebieten sein, wenn Korrekturen an der Notenbankpolitik anzubringen sind. Grundsätzlich also: lieber zwei Gewalten als nur eine. Wer immer nach institutionellen Korrekturen aller Probleme ruft, vergisst ausserdem die Medien. Sie sind ein höchst wirksames Korrektiv einsamer Entscheide.

Mit der staatlich veranlassten und hochgarantierten Fusion von UBS und Credit Suisse 2023 verkrallten sich die Rollen des Staates, des Finanzplatzes, der Nationalbank und des liberalen Marktes ineinander: Dieser groteske Klumpen muss durch die Wettbewerbskommission entflochten werden, der Binnenbankenmarkt muss wieder spielen, und dem internationalen Bankgeschäft von der Schweiz aus muss klar und glaubwürdig beschieden werden, dass es nie wieder Hilfe geben wird. «Caveat emptor» – der Kunde muss sich vorsehen, er, nicht der Staat, trägt das Bankrisiko.

Neue Ideen für föderale Gewichtung

Die Gewichte der föderalen Einheiten – Gemeinden, Kantone – verschieben sich unbestreitbar immer mehr nach Bern. Der Bundesstaat wird zum Sekundenkleber für alle neuen oder kostspieligen oder technisch anspruchsvollen Aufgaben. Zwischen die Kantone und den Bund haben sich ausserdem die «Direktorenkonferenzen» geschoben – Gremien beinahe mit Gesetzgebungskompetenz, wo sich die Regierungsräte der Kantone absprechen. In der Verfassung sind sie aber nicht vorgesehen.

Vor Jahren fand eine mühsame neue Aufgabenteilung zwischen Bund und Kantonen statt; sie ist bereits überwuchert von neuen Zweispurigkeiten. Alle Ebenen machen Kinderhorte, Fürsorge, Familien- und Kinderpolitik, Gesundheitspolitik, Hochschulpolitik und schieben unablässig Gelder hin und her. Ebenso entgleist ist der Neue Finanzausgleich, weil eine grosse Mehrheit der Kantone Empfänger und nur noch wenige Kantone Nettozahler sind. Nur politische Naivität schafft solche kaum mit Mehrheiten rückführbaren Zustände.

Technisch anspruchsvolle, überkommunale, überregionale Infrastrukturen sind entstanden (für Wasser, Strom, Spitäler, Hochschulen usw.), deren Verwaltung über mehrere Stufen delegiert und nicht mehr dem einzelnen Wähler zugänglich bleibt.

Die Idee der FOCJ («functional, overlapping, competing jurisdictions», gemäss R. Eichenberger und B. S. Frey) könnte abhelfen: Die damit versorgten Bürger würden jeweils auch eigene Stimmrechts- und Wahlkreise bilden, nicht die Gemeinden oder Kantone. Verschiedenenorts bilden so heute schon die Hausbesitzer gleichzeitig die Wasserkorporation, andere die Allmendkorporation, nicht die Gemeinde. Doch es wird genossenschaftlich nach Köpfen darin abgestimmt.

Um den Föderalismus vital zu machen, braucht es also weniger Finanzausgleich, mehr Aufgabentrennung. Es braucht Regierungsräte, die auch Ständeräte für die Interessen ihres Kantons in Bern sein dürfen, ohne Verbot ihrer Partei. Es braucht schliesslich auch eine Mentalität, die nicht immer in Bern nach Vereinheitlichung und Finanzierung heischt. Schlimm sind von anderswoher importierte Medienausdrücke wie «oberster Lehrer der Nation», wenn sich der Präsident des Lehrerverbandes äussert, oder «oberster Bauer». Denn erstens ist die Schweiz keine Nation, zweitens sind auch die Verbände föderale Einrichtungen ohne Sonnenkönige.

Mut zur Lücke

Die Schweizer Politik lässt den Privaten mehr Raum als anderswo und hat den Mut zur Lücke. Das mag besser sein als neue Institutionen, neue Stäbe.

Kein Sprachendiktat aus Bern

Das zeigt sich darin etwa, dass ein viersprachiges Land ohne Sprachengesetz auskommt, das die Sprachgrenzen zieht. In Belgien führt ein solches Unterfangen zu Zwist statt zum Zusammenleben. In der Schweiz entscheiden die einzelnen Gemeinden, ob sie in Französisch, Deutsch, Romanisch, Italienisch mit den Bürgern verkehren. Diese Grenzen wandern im Lauf der Jahre sogar, aber nicht top-down befohlen. Dennoch hat jeder Einwohner das Recht, sich vor Verwaltungen, Gerichten in einer der Landessprachen auszudrücken.

Arbeiten schafft Arbeit – durch Lücke im Kündigungsrecht

Der Mut zur Lücke prägt das schweizerische Arbeitsrecht. Die Schweizer Behörden und die meisten Verbände – Stakeholder des Arbeitsmarkts – haben zwei verhängnisvolle Kurzschlüsse des übrigen Europas vermieden, vor allem des Südens und Frankreichs: dass die Arbeitschancen in einem Lande beschränkt seien und die Arbeitenden daher möglichst kurze Zeiten arbeiten sollen, sonst nähmen sie einander die Arbeit weg («lump sum theory of labour», Kuchentheorie), und dass die Firmen stets darauf lauern, wen sie hinausschmeissen können. Im Gegenteil, niemand glaubt hierzulande, dass möglichst viele Arbeitsplätze erhalten werden, wenn nicht gekündigt werden kann. Der eine Kurzschluss führte Frankreich und Italien zu zwangsweisen, kurzen Wochenarbeitszeiten (35-Stunden-Woche) bei gleichen Löhnen. Der zweite Kurzschluss erzwang einen fast absoluten Kündigungsschutz.

Dies hatte aber Folgen. Die kurzen Arbeitszeiten verteuerten die Arbeit, also wurde ausgelagert oder rationalisiert, oder die Firmen gingen im Export einfach unter und entliessen die Arbeiter. Der Kündigungsschutz verminderte die Arbeitsplätze, anstatt sie zu vermehren, denn wenn eine Firma nicht kündigen kann, dann stellt sie auch kaum ein. Oder sie stellt neue Bewerber nur befristet ein – in Frankreich und Spanien sind es um die 85 % aller neuen Arbeitsverträge. Damit entsteht in den Firmen eine Zweiklassengesellschaft. Zudem wechseln in freien Arbeitsmärkten (Schweiz, Dänemark, USA) die Arbeitenden alle paar Jahre die Stelle – und finden eine neue –, sodass in Südeuropa und Frankreich nun alle Festangestellten auf Arbeitsplätzen werken, wo sie sonst kaum mehr wären, und also am falschen, unproduktiveren Platz sind.

Über kurz oder lang schlagen sich solche Verwerfungen in den Währungskursen nieder – und natürlich in höherem oder tieferem Lohnniveau aller.

Lohnnebenkosten sind keine Nebensache

Frankreich liefert ein bedrückendes Beispiel, wie ausufernde Steuer- und Abgabepolitiken den Arbeitsmarkt und die Lieferfähigkeit der Industrie beschweren: Wenn der Bruttolohn 100 Euro ist, schlägt der französische Staat für Sozialversicherungen um die 56 Euro an Beiträgen des Arbeitenden und der Firma drauf, und auf den 156 Euro Lohnkosten muss der Kunde am Ladentisch noch die Mehrwertsteuer von 20%, macht 32 Euro mehr, bezahlen, also insgesamt 188 Euro. Dem Arbeitenden seinerseits werden aber 15% von den 100 Euro als Steuer genommen. Die Spanne («coin fiscal») zwischen Nettolohn und Kosten am Ladentisch beträgt 85 zu 188 Euro – mehr als das Doppelte. Kein Wunder, kassiert der französische Staat um die 59% des Inlandprodukts, hat 5,7 Millionen Beamte und käme trotzdem ohne Budgetdefizite nicht durch.

Arbeitsvertrag und Lehrvertrag

Eine für andere Länder fast unvorstellbare Lücke ist der schriftliche Arbeitsvertrag – er ist nämlich nicht vorgeschrieben, sondern freiwillig. Bei Streitigkeiten, die vor Gericht kommen, stellt das Arbeitsgericht den bisherigen Usus an diesem oder jenem Arbeitsplatz fest, das ist der Vertrag, und wer plötzlich davon abweicht, ist im Unrecht. Oder die Verträge sind kurz und no-nonsense: Der Normvertrag für die Lehre ist in der Schweiz ca. anderthalb Seiten lang, in Deutschland acht Seiten und fordert dort ärztliche Eintrittsuntersuchungen und anderes mehr. Und wie bezahlt der schweizerische Staat die Lehre, in welche die Hälfte bis zwei Drittel der Jungen eintreten? Er bezahlt gar nichts, denn sie dauert drei bis vier Jahre, und in den letzten Jahren «zahlt der Lehrende ab», das heisst, er ist nützlicher als sein (international gesehen schon guter) Lohn, und deshalb offerieren die Firmen eben Lehrstellen: ein perfektes, sich selbst erhaltendes Berufsbildungssystem.

Vom Staat offeriert – und vorgeschrieben – sind natürlich die Berufsschulen, für einen oder zwei Tage die Woche, mit allgemein und fachlich bildenden Fächern.

Würden nun, wie manchmal gefordert, die Lehrstellen stark reglementiert, die Löhne erhöht, die wöchentlichen Stunden für Sport, Schule, Ausbildungsrunden ausserhalb der Firma zweckentfremdet, dann sänke das Angebot der Lehrstellen, insbesondere im kleineren Gewerbe.

Die meisten Länder ausser der Schweiz, Deutschland, Österreich, Skandinavien sind ein abschreckendes Beispiel dafür – für eine aufgedrehte Akademisierung in Gymnasien schlechter Qualität, für Fachkräftemangel einerseits und für gleichzeitig arbeitslose und unzufriedene Absolventen aus «Academia» andererseits, für lotternde Inneneinrichtungen und Infrastrukturen mangels guter Berufsleute.

Flankierende Massnahmen – eine Lücke zu wenig

Auf diesem relativ freien Arbeitsmarkt bilden sich die Löhne, ebenfalls durch die Stakeholder, also Arbeitgeber und Belegschaften, allenfalls deren Gewerkschaften. Zumindest galt dies seit dem «Friedensabkommen» 1937 der Metall- und Maschinenindustrie, dann in vielen Branchen auch. Verhandlungen, untermauert gelegentlich durch Streiks, endeten in solchen Verträgen. In diesen sagten die Arbeitnehmer dem Streik ab, die Arbeitgeber verpflichteten sich auf Lohnniveaus, Arbeitsbedingungen und Verhandlungen. Streitigkeiten wurden abschliessend durch Schiedsgerichte beigelegt. Allerdings haben die bilateralen Verträge mit der EU die Zuwanderung in die jeweiligen Arbeitsmärkte befreit, worauf die Schweiz mit «flankierenden Massnahmen» reagierte. Dadurch werden die Gesamtarbeitsverträge durch die Arbeitsmarktbehörden weitgehend allgemein verbindlich erklärt, also zum Gesetz, und für vertragsfreie Branchen werden «Normarbeitsverhältnisse» definiert und durch paritätische Kommissionen (Arbeitgeber, Arbeitnehmer, Staat) überwacht. Das Ganze wirkt eingefroren, und alle beteiligten Stakeholder verlieren an Bewegungsfreiheit.

Parteikassen interessieren nicht

Eine andere, erwünschte Lücke zeigt sich darin, dass die Parteienfinanzierung nicht geregelt ist. Interessenbindungen müssen von Politikern offengelegt werden. Doch darf jedermann Vermutung über die Finanzen streuen, die Parteien können entgegnen oder auch nicht. Die anderen europäischen Länder stecken fast alle in jahrelangen Prozessen um Parteien- oder Kandidatenfinanzen, weil es Regeln gibt, die umgangen oder aber, öfters, in Anklagen als politisches Brecheisen eingesetzt werden (Kanzler Kohl, Präsident Wulff, Präsident Sarkozy, Premier Juppé, Präsident Macron usw.). Es geht selten um Ethik dabei, sondern um parteiliche Abrechnungen.

Soziales, Waffen, Verfassungsgericht: Lücken

Lücken werden in den schweizerischen Sozialversicherungen belassen, ohne dass sie unsozial werden. Die Krankenkassen tarifieren ihre Prämien unterschiedlich, man kann wechseln, es gibt Wettbewerb, der alles knapphält. Die Sozialhilfe für nirgends Versicherte ist situativ, wird von Fall zu Fall, aber nach gewissen Regeln zugesprochen, ebenso die Ergänzungsleistungen. Ein, zwei Parteien verlangen regelmässig Giesskannen-Hilfen für alle, was aber teuer und auch ungerecht sein kann.

Die Schweiz rettete einige Elemente ihres freien Waffentragens, als die anderen Europäer unter dem Vorwand der Schengenverträge dies auch bei uns abschaffen wollten. Länder ohne bewaffnetes Volk sind Untertanenstaaten.

Das Parlament lehnte 2022 in beiden Kammern die Subventionierung von Energiekosten der Haushalte ab, was gewisse Wehleidige verlangten, nur weil die Preise stark stiegen. Dagegen sollen sich die Privaten selbst vorsehen. Andererseits verliessen 2022 die meisten europäischen Länder das Marktprinzip, als sie «Supergewinne» der Energiekonzerne besteuerten. Doch Preise sind Marktsignale, Gewinne ebenso.

Das Parlament lehnte verschiedentlich ein Verfassungsgericht ab. Das Parlament und das Volk sollen souverän sein, und weil Gesetze und Verfassung dank breiter Beteiligung und Nononsense-Verfahren rasch auch wieder geändert werden können, halten diese Souveräne sich in Schach, anstatt Juristen als Schiedsrichter anzurufen, die dann in jahrelangen Prozessen Texte anstelle des Parlamentswillens auslegen.

Index der Konsumentenpreise mit Rolex?

Der Preisindex ist eine wichtige Institution des Landes. Immer wenn die Inflation ansteigt, finden viele, im Index sollten die Güter des Grundbedarfs stärker gewichtet sein – Brot, Milch, Nudeln, die Tarife des öffentlichen Verkehrs. Die öffentliche Meinung wäre empört, würden man Luxusuhren und teure Autos in den Index aufnehmen. Doch die Preise des Grundbedarfs stehen unter scharfer Beobachtung des Publikums, der Politik und steigen meist moderat. Hingegen haben in den letzten Jahren die Luxusgüter, die edlen Wagen aus Deutschland, Italien satte Preiserhöhungen erfahren, ebenso die gediegenen Schweizer Uhren. Der Teuerungsausgleich würde also mit Luxusprodukten im Index besser fahren.

Ebenso klagen immer wieder die Medien, die Lohnunterhändler, dass die Krankenkassentarife nicht im Index enthalten seien. Gerade wenn diese jeweils wieder deutlich ansteigen, empört diese Lücke viele. Sie sollten genauer hinsehen: Im Index sind die Arzt- und die Spitaltarife sowie die Medikamente erfasst. Sie nehmen ein, zwei Jahre vor den Krankenkassenprämien zu, schütten den Lohnbezügern also viel früher den Ausgleich in die

Tüte. Wie im Märchen soll man also genau überlegen, was man sich von der Fee wünscht.

« Jean-Jacques, aime ton pays ! »

Diese Ermunterung des Vaters Rousseau an seinen Sohn Jean-Jacques in Genf soll auch zwischen den Landesteilen und Sprachgruppen gelten. Wenn sich die Landesteile, die vier Sprachgruppen, auseinanderleben, gibt es irgendwann grössere Probleme. Seit einiger Zeit hat man den Eindruck, dass die gegenseitige Kenntnis abnimmt. Die französische Sprache tritt in der Deutschschweiz in den Hintergrund, auch wenn der Kampf um die zu erlernende erste Fremdsprache weniger akut geworden ist. Aber die Praxis lahmt – auf beiden Seiten der Saane. Die Romands haben die wohl schwierigere Aufgabe, Deutsch zu lernen, und beide Seiten weichen lieber auf das einfachere und in Beruf oder auf Reisen gebräuchlichere Englisch aus. Das Französische ist nicht mehr die internationale Kultursprache unserer Gross- und Urgrossväter, es ist zu einer Regionalsprache geworden. Dennoch lohnt sich für Deutschschweizer auch das Zuhören oder Zusehen bei den SRF-Sendungen der zwei, drei anderen Sprachgruppen; die Sender der Romands sind lebendiger.

Wenn es an der Sprachkenntnis fehlt, bleiben aber die realen Kontakte: Die Schulklassen sollten alle Ausflüge und Schulreisen immer im anderen grossen Sprachgebiet machen. Sitzungen der Privatwirtschaft, der Verbände sind auch mal in Fribourg oder Neuchâtel abzuhalten. Rekrutenschulen, Ferienaufenthalte in anderen Landesteilen bringen Kenntnisse und Verständnis.

Institutionell muss daran nichts nachgehobelt werden, wie manche meinen. Denn seit drei, vier Jahrzehnten hat sich einiges gebessert, ein «Röstigraben» bei Abstimmungen ist selten geworden. Mit dem Kanton Jura gewann die Romandie zwei Standesstimmen auf einen Schlag, eine subtile und willkommene Gewichtsverstärkung. Von der Deutschschweiz kaum wahrgenommen erstarkte die Waadt wirtschaftlich, und Genf ist einer der Nettozahler im interkantonalen Finanzausgleich. Günstig für das beidseitige Verständnis wirkt auch, dass auf jeder Seite Gebirgs- und Stadtkantone liegen, Rand- und Binnengebiete, ärmere und wohlhabendere Kantone, katholisch und protestantisch geprägte Einwohnerschaften. Der Bundesstaat, die mehrsprachigen Kantone achten auf angemessene Vertretungen in Amtsdokumenten, in Anstellungen. Doch die Zivilgesellschaft muss es ebenso halten – gesamtschweizerische Verbände, Vereine, Stiftungen wählen als Präsidenten/Vizepräsidenten immer je eine Person des anderen grossen Landesteils.

Die Netze – und der Staat

Im Schuljahr 1958 verteilte der Lehrer allen Schülern die Schweizer Karte, und über die Pulte ausgebreitet sass die sechste Klasse in einem Meer grüner Papierfarbe. Heute surfen die Dreizehnjährigen weltweit in den Netzen, sie orientieren sich über die gleichen Netzfirmen wie die jungen Inder, Amerikaner, Nigerianer – nicht über die Eidg. Landestopografie (diese selbst wurde zu «swisstopo»).

Netze breiten sich nun über alle Staaten aus, sie wurden zum Rückgrat der Weltgesellschaft. Was bleibt den Staaten noch?

Ausgebreitet haben sich die Netze aufgrund einer besonderen Eigenschaft: Sie bieten ihren Schöpfern und Nutzern «positive Externalität», das heisst, es kostet die Schöpfer nichts, wenn sich Nutzer einklinken, und die Nutzer haben umso mehr davon, unentgeltlich, je mehr Nutzer sich beteiligen. Netze haben daher die Tendenz, allumfassend zu werden. Sofort natürlich schalteten sich die zwei mentalen Lager ein – Bedenkenträger sehen diese monopolistische Seite und deren Finanzierung durch Datennutzung, Werbung, und die offenen Seelen andererseits geniessen die zauberhaft freien Angebote für Information, Wissen, Kultur, Sprach- und Bilderkennung, automatische Übersetzung. Die «république des lettres» des 18. Jahrhunderts ist wiedererstanden – der nutzungsoffene Austausch von Wissen der damaligen Gelehrten über alle Länder, durch Leibnitz, Newton, Bernoulli, Albrecht von Haller. Letzterer schrieb 17 000 Briefe, Mitteilungen, Ratschläge, ein Internet für sich.

Netzarchitekturen

Wie gestaltet nun die Gesellschaft solche Netze? Sie sind gar nicht neu, denn die alten Netze der Industriegesellschaft haben die Frage vorgepflügt: Bahnnetze, Telefonnetze, Radio- und Fernsehnetze, Funknetze, Postnetze, Elektrizitätsnetze.

Die Netze für Strom, Bahn, Telefon beruhen auf physischen Netzen – auf Schienen, auf Drähten. Hingegen bietet das Universum genügend Raum für viele Leistungserbringer in Funk, Radio, Post. Das «Postnetz» hat keine physische Grundlage, jeder Zeitungsverträger kann auch Post mitnehmen.

Die neue Mobiltelefonie machte auch die Drähte der Telefongesellschaften alten Zuschnitts unnötig – der Frequenzen sind viele, viele Netze können nebeneinander aufgebaut werden. Nur die grobe Zuteilung zwischen den Nationen und zwischen den nationalen Anbietern muss abgesprochen sein.

So bleiben also die Schienen- und Elektrizitätsnetze als physisch unabdingbare Grundlagen – und als Lehrmodell, wie alle Netze betrieben werden können. Es braucht getrennte Eigentümer dieser physischen Netze einerseits – für Schiene, Stromdrähte, Telekomfestnetz – und der verschiedenen Leistungserbringer darauf andererseits. Letztere sollen mehrere sein und im Wettbewerb stehen. Das physische Monopolnetz muss reguliert werden, beispielsweise, welche Eigenschaften es bieten muss, wie es erstellt, unterhalten wird, welche Gebühren es von den Leistungserbringern dafür kassieren darf und dass es keine Leistungserbringer privilegieren darf (Netzneutralität).

In der Schweiz hat man das Bahnnetz in staatlichem Besitz gehalten, die SBB AG hingegen als eine der möglichen Betreiberinnen darauf privatrechtlich (aber noch im öffentlichen Besitz) ausgestaltet. Hingegen gehört das Elektrizitätsnetz auch den privaten (teils in öffentlichem Aktienbesitz stehenden) Gesellschaften, ist aber reguliert. Man sieht, es sind viele Spielarten der Netzgesellschaft möglich, und der Staat hat nicht einfach abzudanken, hat aber auch nicht alles selbst zu übernehmen.

Neue Architektur für Google, Amazon, Facebook?

Wenn Google beispielsweise zwar kein physisches Netz unterhält, sondern auf jenem der Telefongesellschaften aller Länder, in Luft und Boden, funktioniert, aber mit seinen Diensten darauf z. B. eine Dominanz auf dem Werbemarkt erreicht, könnte die Wettbewerbsbehörde auch hier das «Netz» (die Programmierung durch Google) trennen von der Werbe-Akquisition darauf und diese wettbewerblich allen offenhalten (Neutralität). Das ist nur eine Skizze der Möglichkeiten (Google, Facebook, Amazon usw.). Jedoch ist der dauernde Ruf nach Steuern darauf, wie Bedenkenträger und Fiskalisten ihn erheben, nicht zielführend, sondern ziemlich unbeholfen.

Die Schweiz tut gut daran, sich nicht ideologisch in die eine oder andere Seite zu verbeissen. Der lokale Turf neuer IT-Firmen, neuer Netzfirmen gedeiht nur, wenn klare Aussichten, klare, aber karge Regeln, frische Luft gegeben sind. Hierzu hat die Schweiz als Erste ein liberales Kryptogesetz geschaffen, um Experimente, allenfalls neue Reichtümer zu erlauben. Um ruinöse und Imageschädigende Krisen wie bei den Grossbanken zu verhindern, muss dieses Gesetz künftig den Kryptobanken und -plattformen vorschreiben, keine Kredite mit Kryptos zu geben, sondern «Vollreserven» zu pflegen.

Physik ist stärker als Politik

In der Schweiz empörten sich viele, als Roger Schawinski 1979 von einem italienischen Gipfel aus die Region Zürich mit seinem privaten Radio bestrahlte und letztlich dank Physik das Staatsradio SRF bedrängte.

In der EWG/EG nahm man nicht zur Kenntnis, dass in den USA schon 1982 die monopolartige AT&T in Netzgesellschaften und in eine Betreibergesellschaft für Inhalte aufgelöst wurde. Erst 1998 zogen die EU und die Schweiz nach, gaben die Telekom-Netze (fest und mobil) frei. Die Politiker schonten die Staatskassen, alimentiert von fetten Postgebühren, und die Gewerkschaften. Die Europäer liessen also den Amerikanern volle sechzehn Jahre Vorsprung, um die Netzgesellschaften, die IT-Firmen, die Chip-Hersteller zu schaffen, welche heute die Welt dominieren (Verizon, AT&T, Sprint, Qualcomm, Netscape, Google u. a. m.). Heute jammert die EU und möchte mit öffentlichen Milliarden das nachholen, was junge Amerikaner vor nunmehr vierzig Jahren oft in den Garagen ihrer Eltern erfunden haben. Staatliche Infrastrukturpolitik aber setzt auf Bestehendes, sie erfindet nicht die Zukunft.

Und immer dran denken: Die Physik bestimmt alles, die Märkte bauen darauf auf, und wenn enge politische Regeln die Physik binden wollen, dann platzen irgendwann die Regeln, nicht die Physik.

Neue Selbstständige, neue Absicherungen

Neue Arten von Netzfirmen bilden sich nun, oft über Apps – es sind Firmendächer für viele Selbstständige wie Uber, Airbnb, Plattformen für Caterings, Putzequipen, Gesundheitspflege, eigentlich für alles. In den USA arbeiten neu über 60 Millionen Personen als Selbstständige, anstatt in festen Stellen oder zusätzlich dazu. Die alten Massenheere der Arbeitenden mit gleichem Status, in grossen Firmen, mit gleichen Löhnen werden auch in Europa verschwinden. Die neuen Plattformen und die Behörden, insbesondere jene der Sozialversicherungen, liefern sich im Moment unfruchtbare Platzkämpfe, welche die Chancen einer Volkswirtschaft ohne neue Grossfirmen, aber mit vielen Mikrounternehmern, Selbstständigen verhindern. Denn Uber beispielsweise behauptet, seine Fahrer seien Selbstständige, doch legt die Plattform die Tarife fest. Damit aber ist Uber ein Kartell, das in die Klauen der Wettbewerbsbehörden gerät. Aber da nun die Behörden immer sagen, es seien alles Angestellte solcher Plattformen (weil sie beispielsweise den Grossteil des Einkommens daraus beziehen), ist vieles blockiert. Rückständige Gerichte, dem

Staat zudienend, wo immer sie können, schlagen sich auf die Seite der Behörden. Die fruchtbringende Lösung liegt aber darin, dass die Plattformen Vermittler, nicht Arbeitgeber sind, dass sie auch kein Tarifkartell sein dürfen, und deren Arbeitende sollen Selbstständige sein. Die Plattformen können die Entgelte individuell abrechnen, wie bereits heute, und genauso leicht die Sozialabgaben dieser Selbstständigen den Versicherungen abliefern. So kommen alle auf ihre Rechnung. Das Haupthindernis sind gegenwärtig die Bürokratien der Sozialversicherungen, die keine Hand zu einer solchen Lösung anbieten.

Widerstände aus traditionellen Gewerbekreisen kommen dazu. «Reguläre» Taxifahrer haben heute ein «Gestrüpp» an Regulierungen zu beachten, nehmen dafür hohe Tarife ein, ebenso Vermieter von Wohnungen und Zimmern, oder feste Restaurants. Irgendwann räumt die Physik der neuen, kleinen Netze damit auf. Gewerbliche Leistungserbringer verschwinden trotzdem nicht – denn sie bieten grössere Pakete an, sind verlässlich präsent, lokal verwurzelt, garantieren für Facharbeit. Aber sie müssen wendiger werden, ohne staatliche Überregulierung, die von sonst erzliberalen Kreisen in Industrie und Gewerbe von Herzen gebilligt wird.

Daten – staatlich oder selbstverwaltet

Die Datensicherheit – nicht nur der privaten, sondern der öffentlichen Stellen – rührt an die Souveränität des Landes. Die Wahl ist schwierig; will der Staat das Fliessen eigener Daten aus Kommunikation, Geräten, Waffensystemen an Betrüger, an autokratische Regimes vermeiden, bleibt oft nur, sich den Regeln des westlichen Imperiums zu unterwerfen und seine technische Chips- und Netzüberlegenheit zu akzeptieren. Vielleicht gilt es, das Wort von den «Schnittstellen» materiell und ernst zu nehmen: in gewissen Situationen den Stecker herausziehen, die Systeme auch manuell fahren lassen, wichtige Daten nicht in IT-Geräte, sondern auf Papier fixieren, den erwähnten Stricknadelcomputer gebrauchen:

nach Sachgebieten gegliederte, durch Lochung abrufbare Halbkartonseiten nutzen.

Individuell kann jeder Nutzer mit verfügbaren Datenbremsen die beim Suchen einhakende Cookies, Werbungen aussetzen. Der Schweizer Staat sollte für sein Gebiet die lästigen Anfragen jeder einzelnen Website wegen der Cookies nicht vorschreiben – das hat die EU eingeführt. Vielleicht wissen deren Funktionäre nicht, dass das der individuelle Nutzer selbst steuern kann. Oder, wahrscheinlicher, sie gehen einmal mehr von den Bürgern als hilflosen Opfern aus, denen wohlmeinende Ämter aufhelfen müssen.

Allgemein hat die Gesellschaft, haben Private, Staat abzuwägen, was sie an Daten zur Verwertung abgeben und was man dabei bekommt: einen direkten Kontakt zu vier Milliarden Menschen und mehr, Suchdienste für alles Wissenswerte und Schöne sowie Bilder, Sprachübersetzung – meist gratis von den Netzfirmen geboten. Da gibt man auch gerne ein paar ihnen hilfreiche Daten hinein, sonst gäbe es in den Netzen auch keine Suchresultate für einen selbst. Es ist ein Geben und Nehmen. Aber man soll die Daten einsehen und berichtigen können.

Arbeitsmarkt – Berufsbildung in den Netzen

Was die ökonomische, arbeitsmarktliche Seite der vorwärtsdrängenden Informationstechniken betrifft: Die Ängste der Massenarbeitslosigkeit tauchen wieder auf, wie seit den von Handwebern angezündeten Maschinen in Uster 1832. Jedoch berechtigen die bisherigen Erfahrungen der privaten Flexibilität, des Mitschwimmens, der Mitgestaltung technischer Revolutionen zum Optimismus. So nutzt die Schweiz die digitalen Techniken besser als die meisten anderen Volkswirtschaften, und sie gewinnt dadurch enorm, melden Studien der Konjunkturforschungsstelle der ETH 2022.

Mit guter Berufsbildung und guter akademisch-technischer Bildung kann jedes Land, auch ohne eigene Dominanz in den Leittechniken, mit Zulieferungen, mit ergänzenden Patentkränzen blühende mittelgrosse Firmen aufziehen. Immer finden bei technischen Revolutionen «Produktionsumwege» statt, viele Infrastrukturen, andere Lieferungen müssen um die neuen Durchbrüche «schöpferischer Zerstörung» herum neu gebaut werden – mit Arbeitsplätzen traditioneller und neuer Art. Dazu muss auch – wie immer – der Marktzutritt überall offen, die Besteuerung massvoll sein, die Geschäftsführung den Inhabern gehören, nicht dem Staat oder den Organisationen, die nicht ihr eigenes Geld einsetzen. Die Schweiz hatte nur kurz eine Autoindustrie, aber heute sind hiesige spezialisierte Zulieferer für die ausländischen Konzerne wichtig – und profitabel.

Es gilt, gewisse Übersetzer zu tadeln, die Hysterie in deutschsprachigen Ländern verursacht haben: «artificial intelligence» heisst nicht «künstliche Intelligenz» mit ihrem menschenersetzenden Schrecken. Sondern sie heisst «automatische Datenerfassung und -verwertung», ein neuer, produktiver Wirtschaftszweig. Der amerikanische Geheimdienst CIA ziert sich auch mit dem Wort «intelligence», was nur detektivischen Umgang mit Daten bedeutet. Intelligent ist er nicht immer.

Risse im Rentensystem?

Die Verfassung ist demagogisch oder populistisch: Sie garantiert durch die drei Säulen einerseits «die Fortführung der gewohnten Lebenshaltung», verlangt aber auch, dass dies mit den vorhandenen Mitteln zu geschehen habe. Seither sind Jahrzehnte ins Land gezogen, die Bevölkerung hat sich bereits einmal fast ganz umgewälzt. Wer im Jahr der Einführung der AHV 1947 mit achtzehn Jahren beizutragen begann, hat nach durchschnittlicher Lebenserwartung heute den Lauf vollendet und das System verlassen.

Der spätere Nobelpreisträger Paul Samuelson spottete 1967, «die Schönheit staatlicher Rentensysteme liegt darin, dass sie versicherungstechnisch ruinös sind». Rentensysteme seien Schneeballsysteme, die nur zahlen könnten, wenn Kinderzahl und Wirtschaftswachstum sich steigern würden. Beides fehlt in den meisten reifen Staaten, und sie müssen immer mehr Staatsmittel einschiessen – oder die Rentenbedingungen ändern.

In der Schweiz endete der Babyboom nach 1972, und das Wirtschaftswachstum fiel 1975 um real 7%. Die zwei Trends haben sich seither nie mehr so erholt, um die AHV über die damals geltenden Prämien zu finanzieren. Gleichzeitig hat das Parlament aber die AHV-Leistungen innerhalb jener Jahre verdoppelt. Dass Wirtschaft und Geburtenrate gleichzeitig einbrachen, fiel ihm nicht auf. Wenige sehen, dass verbreitete Kinderlosigkeit nicht ausweichend oft als «die Demografie» genannt werden, sondern als ruinöses Verhalten für AHV und Steuern gelten muss.

Renten der AHV

Die Renten der AHV werden alle zwei Jahre um den Durchschnitt der Lohn- und Preisentwicklung angepasst, gemäss Mischindex. Die Kaufkraft bleibt daher erhalten, und die Hälfte der Produktivität wird mit dieser Regel ausgeglichen. Dies ist möglich, weil man davon ausgeht, dass auch die Einzahlungen der Aktiven in diesem Ausmass steigen. Da aber die AVH ein Umlagesystem ist, und der AHV-Fonds nur eine Schwankungsreserve, nicht ein Kapital darstellt, leidet die AHV doppelt unter «der Demografie», nämlich der Kinderlosigkeit und der längeren Lebenserwartung.

Das Schweizer Rentensystem ist daher erstarrt und reformbedürftig. Schweden kennt besser fundierte Renten. Dort werden die laufenden wie die neuen Renten einer Formel aus vergangenem Sozialprodukt und dem Verhältnis Alt/Jung jährlich nachgeführt. Sie können nie in Probleme abrutschen, sie verteilen die Anpassungen auf Alte und Junge, und, entsetzlich für Schweizer, aber gerecht: Renten können jedes Jahr variieren, um Promille vielleicht, aber über Jahre kumuliert es sich. Im Bundesamt für Sozialversicherungen weigert man sich, gemäss eingeholter Auskunft, das schwedische Modell zu studieren, obwohl eine «Forschungsabteilung» das Amt ziert. Die Politik vollends kennt das Modell nicht.

Ohne Reformen bleibt der Ausweg nur mit laufenden Erhöhungen der Mehrwertsteuer für die AHV, ein Weg, den das übersteuerte Europa überall genommen hat und der schliesslich bei einem Satz von 20 % und mehr landete.

Renten der beruflichen Vorsorge

Die Pensionskassen sind kapitalisiert, sie funktionieren ohne Umverteilung zwischen den Generationen, sondern jeder Versicherte baut sich sein Alterskapital selbst auf. Vom Endzustand (Alterskapital) ergibt der Umwandlungssatz den Betrag der jährlichen Rente. Diese zweite Säule «leidet» nicht unter der geringeren Zahl der Aktiven, sondern nur unter der längeren Lebenserwartung der Rentner.

Zwei weitere Probleme schwächen im Moment die zweite Säule: einerseits die schwachen Zinserträge (bis vor Kurzem sogar Negativzinsen), andererseits der zu hohe Umwandlungssatz, der eben die längere Lebenserwartung spiegeln sollte, also fallen muss. Da dies wegen eines Referendums nicht korrigiert wurde, werden heute von den Einzahlungen der Jungen mehrere Milliarden jährlich an die Konten der Rentner überwiesen, was plötzlich zu einer Umverteilung wie in der AHV führte. Denn auch in der zweiten Säule sind die ursprünglich eingebauten Starrheiten nach Jahrzehnten bedrohlich: Renten dürfen normalerweise nicht gekürzt werden, auch wenn die Kasseneinnahmen nicht reichen. Ausserdem muss jede Firma eine eigene Vorrichtung führen, wogegen die freie Wahl einer Kasse durch die Firmen und/oder durch die Mitarbeiter unmöglich ist. Sie brächte aber grössere Kassen mit professioneller Leitung und Expertise hervor und würde die Firmen selbst von Administration und Verantwortung entlasten.

Beide Systeme (Säulen) sollen sich versicherungstechnisch ergänzen und nicht vermischt werden: Die Umlage funktioniert besser nach Inflation, Krisen und Kriegen, die Kapitalisierung funktioniert besser in einer Demografiekrise, sie geniesst einen «dritten Beitragszahler»: Zinsen, Dividenden.

Die Inflation schwächt die Renten der zweiten Säule, denn sie werden nicht daran angepasst. Man sieht, wie wichtig stabiles Geld durch die Nationalbank ist.

Grundsätzlich sollten in den Pensionskassen die vielen starren Sätze gestrichen werden – die Beitragssätze, die Anlagesätze, der Umwandlungssatz, der Mindestverzinsungssatz. Die Kassen sollen dafür autonomer und selbstverantwortlich werden. Sie können damit auch die Renten gemäss Erträgen und nach Reservebildung heben – oder senken.

Bürokratie als Falle für Leistung, Lebenslust, Bürgersinn

Sehen wir uns die Treiber des Bürokratiewachstums an: Je mehr der Staat tut, umso mehr Vollzug braucht es – also Bürokratie.

Je weniger die Rekurse und Verfahren in den Gesetzen eingeschränkt sind, umso mehr wuchern diese.

Je weniger sich das Parlament um konkrete Ausführungen kümmert, umso mehr regelt die Bürokratie. Bundesämter erlassen «Mitteilungen», «Kreisschreiben», «Weisungen» – wie Gesetze. Die «Wegleitung» zum Arbeitsgesetz erlässt 290 Seiten teils schikanöser, immer aber teurer Vorschriften für Firmenbauten – ohne gesetzlichen Auftrag für diese Details.

Je schneller die Beamtenschaft und der Staat für ihr Tun behaftet oder von den Medien angeklagt werden, umso engere Verfahrensschritte, Pflichtenhefte und abgeblockte Hilfestellungen erlassen sie.

Sobald eine neue Amtsstelle eingerichtet wird, braucht sie einen Stab. Dieser wächst automatisch, dieser erfindet sich eine Agenda, zieht viele andere Amtsstellen und zu regulierende Gegenparteien zu Sitzungen bei, macht Jahresberichte, verlangt Eingaben, Abrechnungen, Archivalien.

Jede Amtsstelle schafft bei den Hunderten, Zehntausenden, manchmal Millionen Privater und Firmen, die sie reguliert, das Hundert-, Zehntausend-, Millionenfache an ausführenden, antwortenden, nachverfolgenden, besteuerten, juristisch bestückten privaten Gegenseiten. Das sind die wahren Kosten der Bürokratie, nicht die Beamtenstellen selbst.

Viele Verordnungen greifen in die Bürgerrechte tiefer ein als Gesetze – Bewilligungen, massive Gebührenordnungen, die eigentliche, nicht beschlossene Steuern sind, und Strafbestimmungen, Pflichten zu teuren Zertifizierungen, Akkreditierungen, Rückverfolgungen; schlimmerenfalls kehren sie die Beweislast in solchen Sachen sogar um – die Firma, der Bürger muss sich reinwaschen, nicht die Behörde es nachweisen. Der Rechtsstaat ist mit Paragrafen getreten.

Abhilfen liegen bereit

Diese Treibhausfaktoren der Bürokratie erlauben einige Schlüsse, wie sie vermieden oder kurzgehalten werden kann. Der erwähnte Mut zur Lücke bleibt das beste Gegenmittel – der schlanke, freiheitliche Staat tut lieber nichts. Private, Vereine, NGOs springen oft in die Lücke, wenn den Bürgern etwas auf der Seele brennt.

Sodann, wie schon geschildert, soll der Gesetzgeber gleich schon im Gesetz selbst die Klage- und Rekursmöglichkeiten knapphalten, eingrenzen, was immer die Juristen sagen.

Das Parlament soll sich auch die ausführenden Verordnungen der Verwaltung vorlegen lassen, nicht um seinerseits um die Detailklauseln zu ringen, sondern um sie allenfalls zurückweisen zu können.

Die Verwaltung soll bei Bewilligungsverfahren nicht seriell durch eine zuständige Fachstelle nach der andern entscheiden, sondern konferenziell: Wenn die Verantwortlichen der Ortsplanung, des Umweltschutzes, der Energie, des Verkehrs, des Gewässerschutzes für ein Projekt oder Rekurse zusammensitzen, folgt der Entscheid in einem Morgen, nicht nach zwei Jahren.

Vor dreissig Jahren stürzten sich grosse und kleine Verwaltungen ins «New Public Management», um privatwirtschaftliche Verfahren zu übernehmen. Wohl gelang einiges, aber das Wünschenswerteste nicht, nämlich dass eine Amtsstelle ihr Budget nicht ausschöpfen, sondern auf das neue Jahr übertragen konnte. Hingegen nahmen viele Ämter den Rat gerne auf, selbsttragend zu werden wie eine Firma und die Gebühren massiv anzuheben. Grundsätzlich sollte ein Amt keine Gebühren für vorgeschriebene Bewilligungen, Gesuche, Kontrollen erheben dürfen.

In neueren Jahren gucken viele Verwaltungen die private Bürokratie den grossen Firmen ab – Kaderseminare, Best-practice-Ordnungen, Benchmarking, Organisationsanalysen aller Art, Zertifizierungen. Um ganz sicherzugehen, kauft man dazu die Beratungen von aussen ein. Das Resultat sind neue Komplikationen, erstarrte Verfahrensregeln – und eine auf Berater abgewälzte Verantwortung.

Die Schweizer Verwaltung ist reformbedürftig und angesichts ihres rasanten Wachstums ineffizient.

Verwaltete Bildung

Insbesondere in Schulen, Fachhochschulen, Universitäten neigt man dieser vermeintlichen Wissenschaftlichkeit des Führens zu. Schulleitungen auch kleiner Gemeinden werden professionalisiert und dem Lehrbetrieb entzogen, Sitzungen und Schriftlichkeit nehmen den wirklich noch Lehrenden immer mehr Zeit weg, ohne dass etwas besser wird.

Die Bildungsbürokratie harmonisiert seit zwanzig, dreissig Jahren alles, was sie kann. Schweizweit wurden die Hochschulen einem europäischen Bologna-Modell in den Rachen geworfen, nur um europakonform zu wirken. Es hat, wie viele ihm unterworfene Lehrkräfte klagen, die Lehrgänge serieller gemacht, abgeschliffen. Die Lehrkräfte müssen schablonisierte Inhalte bieten, sie genauso prüfen (sonst hagelt es Rekurse). Originalität und Kreativität sind dem Rasenmäher gewichen, bei den Lehrenden wie den Lernenden. Harte Worte. Der Anstoss aus dem europäischen Modell wurde damit gerechtfertigt, dass Schweizer Expats gleiche Diplome und damit gleiche Arbeitsmarktchancen hätten. Doch der vorher deutlich bessere Ruf der hiesigen Ausbildungen genügte an sich schon, und Auswanderer, Expats finden auch im nicht harmonisierten Amerika und Asien perfekte Stellen. Der Druck aus Europa wurde dämonisiert. Übrigens hatten mit der Bologna-Umstellung die damalige Bundesrätin und ihr Staatssekretär handstreichartig die meisten Instanzen vor vollendete Tatsachen gestellt, ein Novum in der sonst mitbestimmenden Schweiz. Lasst Wettbewerb zwischen Hochschulen spielen, um Programme, Verfahren, Diplome! Und in der Volksschule, in Gymnasien braucht es keine teure «professionelle» Schulleitung. Spontane Selbstorganisation durch die Lehrenden ist besser (und war vor fünfzig Jahren Garant für gute Schulen).

Bessere Bildung

Man trifft auch im Bildungswesen auf die zwei mentalen Lager. Manche wollen keine Anstrengung, keine Leistung, vor allem nicht Leistung unter Wettbewerb, und keine Selektion. Als Betrachter aus dem anderen Lager würde man «Rechnen, Schreiben, Lesen» in der Primarschule erwarten, auf allen Stufen mehrstimmigen Gesang, wie es in den Fünfziger- und Sechzigerjahren zu allen Schulhausfenstern herausklang, und Geschichte, Geografie im Sinne eines aufgeklärten Patriotismus wie auch der Weltläufigkeit. Das eigene Land und seine Institutionen, seine Geschichte zu kennen, bleibt das Integrationsmittel par excellence. Selbstverständlich muss auch eine ehrgeizige Lehre von Naturwissenschaften sein.

In der Tat muss die Schule allgemeinbildend, leistungsorientiert bleiben, damit die vermöglicheren Kreise nicht abspringen und ihre Kinder in Eliteschulen bringen. Hier spielen jene eher auf wenig Leistung abzielenden Lehrkräfte – auch in den öffentlichen Gymnasien – eine system- und gesellschaftssprengende Rolle, obwohl sie sonst gerade gegen die Spaltung des Landes in «haves and have-nots» sind. Gerade Kinder aus bildungsfernen Schichten müssen sich emporkämpfen, sich auszeichnen können.

Leistung gilt auch für die Lehrkräfte – mit möglichst vollem Pensum und Engagement. Das bindet auch die Schüler an, sie merken es bei Teilzeitlehrkräften, wenn mit dem Nebenverdienst nur Reiten und Reisen finanziert werden sollen.

Leistung in der Bildung ist Eigenleistung, es geht nicht ohne den Druck der Selektion der Schüler, Studierenden. Aber anstatt die vielen Sitzungen gemäss Organisationsreglement und Schulleitungen sollen die Lehrkräfte Aufgabenhilfe bieten. Dazu sollen die Erziehungsdirektionen jene Klassen, Schulen, Gymnasien nicht negativ bewerten, die wegen echter Selektion auch häufigere Schulabbrecher kennen. Denn das hilft sogar den betroffenen Schülern schneller auf ihnen besser entsprechende Wege. Und es verstärkt das andere Bein der Bildungslandschaft, die Berufsbildung. Wenn behauptet wird, die «artificial intelligence» ersetze bald schon viele private wie öffentliche Administrativfunktionen und Heere von Büroarbeitenden, dann müssten sich diese Besorgten darum kümmern, dass die immer komplexeren technischen Infrastrukturen gebaut, gewartet und repariert werden können, mit Fachkräften aus der Berufsbildung.

Ein Blick auf Schweden würde dem Schweizer Volksbildungswesen einen erwünschten Schub geben. Denn dort gibt der Staat den Schülern aller Stufen jährlich einen Voucher ab, der die Schulkosten deckt. Damit kaufen sich die Eltern der Schüler die Leistungen einer privaten oder öffentlichen Schule ein, frei gewählt, und die öffentlichen Schulen müssen dem Staat ihre Gebäude verzinsen, die privaten Schulen dürfen keine weiteren Gebühren verlangen. Ein egalitäres, aber leicht wettbewerbliches System ist durch diese freie Schulwahl entstanden.

Und noch der Blick auf eine Eigenart des englischen Schulwesens – wenn schon viele Exkursionen unternommen werden, dann sollen sich wie in England alle Schüler, kleinste wie Studenten, mit Notiz- und Zeichenblock versehen.

Längere Bildung, bessere Bildung?

Wenig wahrgenommen wird eine neue Last auf der Wirtschaft, nämlich die vielen Weiterbildungskaskaden an Bachelor- und Masterdiplomen, Postgraduates und Schmetterlingsfächern der Hochschulen. Diese Studierenden opfern einem Lebenslauf, bestückt mit vielen Diplomen, ganze Jahre an Karriere. Die Absolventen treten in den schwellenden Staatsdienst ein, oder sie füllen die reputationshalber oder vorschriftsgemäss blühenden Abteilungen der Governance, der Kommunikation, der Beratung der Firmen. Deren Produktivität ist schwer zu erraten. Vor vierzig Jahren sah die öffentliche Diskussion den Werkplatz durch den Finanzplatz belastet. Heute müsste man sich ernsthaft fragen, wie schwer nicht der unterdessen verschlankte Finanzplatz, sondern dieser Überbau an Stäben in den Firmen und in der Staatsverwaltung als Klötze den «Produktiven» am Geldbeutel hängt. Schlimmer, er hindert diese am Arbeiten.

Die Fachhochschulen haben sich zu immensen Pyramiden von Rektoraten, Abteilungen, Diensten «gemausert», in extrem weitflächigen, ausufernden Neubauten. Es gibt Rektorate, die gar nicht mehr in einem der Schulgebäude residieren. Alles ist formalisiert, Sitzungen jagen sich. Vor allem sinkt der Praxisbezug, ein früherer Vorteil gegenüber der Universität, der sie nun nacheifern. Es darf bezweifelt werden, ob die vielen Professoren die unternehmerische Praxis selbst erfolgreich ausgeübt haben, die sie vermitteln sollen. «Kann er's oder lehrt er's?» heisst die respektlose Frage gegenüber diesen Fachhochschulen.

Dennoch, in der Bürokratie allgemein und übers Ganze gesehen sind die Schweizer Behörden nicht ganz so abgehoben wie in anderen Ländern. Die Delegation von Aufgaben an den föderalen Unterbau, an Kantone, Gemeinden, hilft dabei. Man kennt oft sogar die zuständigen Personen. Der praktische Sinn im Lande führt zu einer No-nonsense-Haltung der Behörden wie der reglementierten Bürger. Man findet sich. Aber umso dringender ist es, die anlaufenden Auswüchse rasch abzuschneiden.

Verwaltete Sozialpolitik

Die zwei Lager der Mentalitäten finden sich auch unter diesem Titel geradezu kristallin vor. Vom einen Lager hört man, dass möglichst voraussetzungslos geholfen werden müsse, dass gleiche Leistungen im ganzen Land erfolgen müssten, weil Ungleichheit immer ungerecht sei, dass «Lücken geschlossen» werden sollen und dass Renten, Mindestlöhne, Krankenkassen alle denkbaren Fälle decken müssten, zum vollen Leben reichen sollen.

Das andere Lager verficht die «drei TTT», wie es in England heisst, «targeted, tailored, temporary» – also gezielte Hilfen statt Giesskannen, zugeschnitten auf Bedürfnisse und zeitlich befristet. Die Schweiz folgt teilweise dieser zweiten Politik, sie führt eine Palette von Sozialversicherungen mit dem «V» im Namen: in AHV, BVG, SUVA, IV, KrankenVersicherung, ArbeitslosenVersicherung. Dieses «V» zeigt das Äquivalenzprinzip an, dass nämlich die Beiträge und die Leistungen in einem gewissen Verhältnis zueinander stehen und nur fällig werden, wenn der Risikofall eintritt. Das Gegenteil wäre der Wohlfahrtsstaat, der alles aus der Zentralkasse zahlt und wo niemand seine eigenen Beiträge in den Renten wiedersieht – oder sie gar modulieren kann.

Das allgemeine Grundeinkommen wäre der Extremfall der Zentralkasse, die nicht auf Eigenleistungen baut. Die Befürworter in der Schweiz fanden keine Gnade in der Volksabstimmung, und zu Recht. Denn über die Kosten schweigen sich die Urheber der Idee aus, weil die Steuern drastisch erhöht werden müssten. Die Annahme, dass mit einer Grundsicherung alle Bürger freiwillig arbeiten, andere pflegen, Kultur betreiben würden, verkennt den menschlichen Charakter. Wenn sodann jene, die arbeiten, noch hoch besteuert würden, wäre der Anreiz ohnehin weg.

Die Befürworter wollten 2022 ein beschränktes Experiment in nur einem Quartier in Zürich. Doch für die paar hundert Begünstigte zahlen hunderttausend Haushalte der Stadt. Für eine landesweite Einführung hingegen fehlt dieser grosszügige Pate draussen, der zahlt, aber nicht zieht. Illusionen herrschen.

Mit Menschen rechnen, die rechnen können: situativ

Gerade die Sozialsysteme müssen mit Menschen rechnen, die rechnen können. Sie müssen auf den Charakter des Menschen eingehen. In der Sozialhilfe hiesse dies, auf Eigenleistungen und restliche Bedürfnisse abzustellen, auch auf gesunden Eigennutz. Denn etwa die Hälfte «der Armen» kommt jährlich wieder hoch, weil die Ursachen vorübergehend sind (Scheidung, Alleinerziehen, Krankheit, Erwerbsunfähigkeit, psychische Probleme). Ebenso sind die Mehrheit von Tieflohnbezügern nicht Arme, die von einem tiefen Lohn leben müssen, sondern Zweitverdiener, Wiedereinsteiger, Studenten, Pensionierte. Die Praxis zeigt, dass die meisten Arbeitenden unterster Lohnklassen allmählich in der Lohnskala aufsteigen. Daher sind die vielen Argumente für höhere Tieflöhne oder für Renten, die einen ganzen Haushalt absichern, populär, aber falsch. Fast alle Haushalte haben mehrere Einkommensquellen. Fordernde Politiker treiben «die Ärmsten» wie Geiseln vor sich her, als nicht weiter zu beweisende Ansprüche aller. Die Älteren ihrerseits sind die Reichsten im Lande. Die Giesskanne ist ausgerechnet für diese Schichten falsch, Ergänzungsleistungen reichen situativ. Die Mehrheit der Rentner ersparte sich auch eigene Mittel.

Dies alles heisst, folgt man der zweiten Gedankenrichtung, dass das schweizerische System einiger grundlegender Sicherungen für Alter, Erwerbslosigkeit, Krankheit richtig ist, dass aber mit den Ergänzungsleistungen für jene minderheitlichen Fälle zugeschossen werden soll, wo es nicht reicht. Das ist gerecht, niemand wird fallen gelassen, aber die Sparer und Leistungserbringer müssen nicht eine Giesskanne für alle finanzieren. Die Ergänzungsleistungen werden von den Kantonen bestimmt – und daher hoffentlich auch nahe an den Fällen geprüft – und erst nach Jahren der Anwesenheit im Lande.

Mit diesen Einrichtungen hat die Schweiz ein multiples System, das die Einkommensverteilung nachweislich deutlich egalisiert.

Daher kann auch die Sozialrichtlinie der EU nicht übernommen werden, die ausserdem den – von der Schweiz und den einzelnen Mitgliedsländern unkontrollierbaren – «dynamischen» Ausbau kennen wird. Hier sind die eigenen Handlungsmöglichkeiten der Schweiz intakt.

Sozialhilfe soll das Arbeiten belohnen

Die Sozialhilfe im engeren Sinne allerdings kann einen Reformstoss aus der Praxis der USA und Grossbritanniens brauchen. Diese Hilfe hierzulande gilt für jene Fälle, die nicht in einer Sozialversicherung aufgehoben sind, und sie wird von der privaten SKOS (Schweizerische Konferenz der Sozialhilfe) tarifiert, von Gemeinden ausgerichtet. Die Hilfen sind recht grosszügig, und vor allem werden eigene Einkommen der Unterstützten von der Hilfe abgezogen, bis auf geringe, einbehaltene Beträge. Das bedeutet, dass sie für allfällige eigene kleine Einkommen zu 100% «besteuert» werden, dass sie erst eine Motivation zu eigener Anstrengung haben, wenn sie mehr als die ganze Sozialhilfe verdienen, also für eine vierköpfige Familie gut und gerne 60000 Franken im Jahr. In den USA hingegen gibt der Earned Income Tax Credit den Working Poor (zwei Erwachsene, zwei Kinder z.B.) auf ihrem Einkommen 40% Zuschuss, bis dieses 14300 Dollar erreicht und das gesamte Einkommen damit 20000 Dollar ausmacht. Steigt der eigene Verdienst weiter, werden 21% des weiteren Einkommens vom Zuschuss abgezogen. Die Working Poor haben den Arbeitsanreiz, 79% behalten zu können. Millionen von Haushalten steigen so auf und werden für Anstrengungen belohnt.

Die Schweizer Sozialbürokratie weigert sich, auf dieses Modell einzutreten. Sie müsste die Anfangszahlungen bei geringen Einkommen senken, damit die Mathematik stimmt. Dafür fühlten sich die Working Poor für ihre Eigenleistungen belohnt und könnten ihre – eben meist vorübergehende – Lage überwinden. Ausserdem gilt der Einkommenszuschuss in den USA auch für kleine Selbstständige und arme Bauern.

Gesundheitswesen – freie Wahl statt verwalten

Das Gesundheitswesen wird gesund, wenn die Krankenkassen die Leistungserbringer, die sie bezahlen (Ärzte, Spitäler), frei wählen können und nicht alle, auch verschwenderische, Praxen bezahlen müssen – womit wettbewerbliche, kostensparende Mechanismen einsetzen würden. Die freie Arztwahl fiele nicht dahin, weil nur wenige Prozente solcher Leistungserbringer von den Kassen wegen überzogener Leistungen ausgeschlossen würden. Damit könnten weitere bürokratisierende Eingriffe der Politik aufhören. Der politisch definierte Grundkatalog, den die Kassen bezahlen müssen, soll knapp bleiben. Psychologische Beratungen darin würden geradezu endemisch, denn viele Therapiestellen, Medien, Studien reden den Menschen ein, wie krank sie psychisch seien. Burn-outs sind bereits gesellschaftsfähig, interessant. Das Volk stimmte seinerseits Zahlungen für Naturheilmethoden zu. Dabei erlaubt gerade ein enger Grundkatalog den Kassen, weitere Leistungen anzubieten und dafür Prämien zu verlangen. So sind jene mit weiteren Ansprüchen ökonomisch gesprochen ein «Club», dessen Mitglieder ihre Kosten gemeinsam, aber nicht zulasten der anderen tragen. Dies gilt ja bereits mit der Privatklasse, früher mit den Naturheilmethoden. Bestens wirkt immerhin die frei wählbare Franchise, die zu vernünftigem Gesundheitskonsum anhält. Dabei muss aber der Prämienrabatt für Franchisen auch spürbar sein.

Das Uhrwerk braucht Reparaturen

Unser Staat als Uhrwerk war einmal perfekt, doch nach Jahrzehnten schleppt die Ganggenauigkeit.

Dabei zeigt sich die Schweizer Politik für erfolgreiche Reformen in anderen Ländern verschlossen. Schwedens Schulen und Renten, die Sozialpolitik der Angelsachsen, die Landwirtschaftspolitik Grossbritanniens, Dänemarks Arbeitsmarkt, Singapurs City-state und seine Bodenpolitik stehen zur Auswahl, sollen endlich zur Kenntnis genommen werden.

Eine echte Wirtschaftspolitik braucht nicht neue Regeln, sondern offene, freiheitlichere Horizonte.

Die Schweiz ist im Weltgang, nicht im Alleingang

Der Schweizer Export geht in die Welt, nicht nur in die EU. Die neuen Freihandelsabkommen Asiens, ein solches mit den USA stossen neue Türen auf – und befreien die Landwirtschaft.

Wie in Grossbritannien mit dem Brexit muss die Souveränität in den Freiheiten der Finanzen und Dienste sowie bei der Zuwanderung verstärkt werden.

Energie, nicht Ideologie

Die Energiepolitik wird nachhaltig, wenn sie realistische Ziele ohne «net zero» verfolgt, wenn sie auf die Internalisierung durch CO_2-Zertifikate und nicht auf kleinliche Geräteregeln setzt und damit den Hausbesitzern und Firmen die langfristigen Investitionen ermöglicht, ohne Staatssubventionen. Hohe Zertifikatspreise auf Treibstoffen sollen die Milliardenabgaben ersetzen, die heute zweckbestimmt für noch mehr Mobilität in Strasse und Bahn sind. Alle Zertifikatserlöse sollen pro Kopf rückerstattet, andere Steuern gesenkt werden – dies fördert die Wettbewerbsfähigkeit, und es belohnt die Energiesparer.

Soziale Netze, aber situativ

Die Sozialpolitik braucht das Versicherungsprinzip sowie den Anreiz zu Arbeit und Selbstvorsorge, nicht die Giesskanne. Die Rentner sind die reichsten im Lande, sodass die AHV eine Grundsicherung, nicht den vollen Lebensunterhalt aller bieten muss. Die AHV-Renten müssen das Sozialprodukt und das Verhältnis Junge/Alte spiegeln – und damit solidarisch werden.

Neue IT-Netze, neue Chancen

Die Netze sollen Türen zu verbreiteter Selbstständigkeit von Mikrofirmen mit ihrer Innovation und Selbstverantwortung öffnen, nicht ängstlich verreguliert werden.

Arbeiten, nicht regulieren

Die «aufgebauschten Stäbe» in der Gesundheits- und Bildungspolitik müssen abgeschafft und an die Front zurückgegeben werden, damit die wirklich Arbeitenden in Spitälern, Praxen, Volks- und Fachhochschulen produktiv wirken und das Ganze günstiger wird. In diesen Bereichen hat sich eine fatale Falle aufgetan, welche gegen die Leistungsfähigkeit und zugunsten einer Expertenzuwanderung wirkt.

Solidität, Bürgersinn, Markt

Die Finanzkrise, die Eurokrise, die Covid-Krise und die Energiekrise haben mit den Werten freier Gesellschaften gründlich aufgeräumt. Die Staaten sind zu Massenstaaten unselbstständiger, hilfloser «Opfer» geworden, denen sofort mit der Staatskasse aufgeholfen werden muss.

Die meisten Schweizer Einwohner fassen sich immer noch als Bürger, nicht als Opfer auf. Diesen hohen Sinn muss die Politik achten und freihalten.

Die Schweiz im «Engelskreis»

Die Schuldenprobleme anderswo sind so gross geworden, dass die Verantwortlichen mit Schnellschüssen, Hauruckentscheiden der Regierungen und Notenbanken regieren. Schweizer Behörden, Firmenplaner, Privatanleger sollten nicht naiv annehmen, diese Instanzen wüssten, was zu tun sei, sie sähen in die Zukunft, sie seien aufrichtig.

Solide Finanzen, knappe Regeln werden den Franken weiter steigen lassen. Die Privaten und die Firmen brauchen Ersparnisse, genügend Eigenkapital, nüchterne Lohn- und Abgabensätze, den weltweiten Blick für ihre Aktivitäten. Dafür sinken Importpreise, Steuerlasten. Solche Solidität gehört seit je zu unserem Selbstbild, nicht der international verhängte Finanzplatz, der in manchen Firmen geradezu ihr Gegenteil war.

Die Schweiz steht für Freiheit, für Klartext, und sie hält durch

Die Schweizer Vertreter in internationalen Gremien müssen sich gegen deren Machtzuwachs, gegen deren Regulierungswalzen sperren, müssen auch Klartext reden, zusammen mit den meist gleichgesinnten mittelgrossen Staaten (Niederlande, Skandinavien, Baltikum sowie asiatische Staaten). Wer brav ist, dient dem internationalen Superstaat zu. Viele Schweizer beider mentalen Lager wollen vom Ausland anerkannt, ja geliebt werden. Doch nicht Bravheit, sondern freiheitliche Verfahren sollen uns, wie im 19. Jahrhundert, unübersehbar machen. Der Ruf, freier zu sein als andere, nützt uns seit Jahrhunderten, ist unsere Geschichte und Zukunft.

Kleine Leseliste

Yves Baer, François G. Baer, «Weltgeist in Zürich: Ereignisse, Schauplätze und Lichtgestalten zur Zeit der Aufklärung», NZZ Libro, 2022

Jean-François Bergier, «Die Wirtschaftsgeschichte der Schweiz. Von den Anfängen bis zur Gegenwart», Benziger Verlag, 1983

Isaiah Berlin, «Die Wurzeln der Romantik», Berlin Verlag, Berlin 2004 (erhellt deutsches Staatsverständnis im Gegensatz zur Aufklärung, indirekt zur Schweiz)

Peter Blickle, «Kommunalismus: Skizzen einer gesellschaftlichen Organisationsform», Oldenburg Wissenschaftsverlag, München 2000, Band «Oberdeutschland»

Peter Blickle, «Das Alte Europa. Vom Hochmittelalter bis zur Moderne», C.H. Beck, München 2008 (erklärt, warum grosse Teile Europas von Freien zu Höflingen wurden)

Thomas A. Brady, Jr. «Turning Swiss. Cities and Empire, 1450–1550» Cambridge University Press, 1985

Clive H. Church & Randolph C. Head: «*Paradox Schweiz – Eine Aussensicht auf ihre Geschichte*», Chronos, 2021

Gordon A. Craig: «Geld und Geist: Zürich im Zeitalter des Liberalismus 1830–1869», Beck, München, 1988

François Garçon, « Le modèle suisse. Pourquoi ils s'en sortent beaucoup mieux que les autres », Perrin, Paris 2008

Dieter Grimm, «Europa ja – aber welches? Zur Verfassung der europäischen Demokratie», C.H. Beck, München 2016

Lukas Leuzinger, «Ds Wort isch frii. Die Glarner Landsgemeinde: Geschichte, Gegenwart, Zukunft», NZZ Libro, 2018

Olivier Meuwly, « Une histoire politique de la démocratie directe en Suisse », Focus, 2018

Gerhard Schwarz, «Die Schweiz hat Zukunft. Von der positiven Kraft der Eigenart», NZZ Libro, 2021

Jonathan Steinberg, «Why Switzerland?», Cambridge University Press, 2015

Béatrice Veyrassat, « Histoire de la Suisse et des Suisses dans la marche du monde », Livreo-Alphil, 2018

«Wirtschaftsgeschichte der Schweiz im 20. Jahrhundert», Schwabe, Basel 2012 (herausgegeben mit P. Halbeisen, M. Müller)

Online-Quellen

«Alte Eidgenossenschaft», Wikipedia
«Landwirtschaft. Frühe Neuzeit», Hist. Lexikon der Schweiz, Albert Schnyder
https://napoleonsnightmare.ch
https://www.liber-the.com
Bundeskanzlei: alle Volksabstimmungen, unter «Politische Rechte»: www.bk.admin.ch

Anmerkungen

1 In ganzer Breite herausgearbeitet durch Peter Blickle in verschiedenen Publikationen, v.a. in «Kommunalismus: Skizzen einer gesellschaftlichen Organisationsform», Verlag Oldenbourg, München 2000.
2 Yves Baer, François G. Baer, «Weltgeist in Zürich», NZZ Libro, 2022.
3 Sehr gut beschrieben von Isaiah Berlin, «Die Wurzeln der Romantik», Berlin Verlag, Berlin 2004.
4 Daron Acemoglu, James A. Robinson: «Why nations fail»: «Inclusion» lässt Staaten blühen, «exclusion» zerstört sie.
5 «The World Economy. A millennial perspective», OECD, 2001.
6 Vier Zeichen nennt Ross Douthat in «The Decadent Society» dafür: complacency, repetition, sterility, stagnation, also: Selbstgefälligkeit, Wiederholungszwang, Sterilität, Stagnation. Grosse Teile Europas zeigen sie, wegen Kanzlerin Merkels Politik während 16 Jahren ganz deutlich die Bundesrepublik.

Autor

Beat Kappeler (*1946) ist in Herisau aufgewachsen und studierte Weltwirtschaft und Völkerrecht an der Universität Genf. Er ist als freier Wirtschaftsjournalist tätig. Von 1977 bis 1992 war Beat Kappeler Sekretär des Gewerkschaftsbunds, betraut mit Liberalisierungsdossiers. Seit 1992 ist er Wirtschaftskommentator, zuerst bei der alten Weltwoche und 2002–2018 bei der NZZ am Sonntag. Er wurde mit dem Zürcher Journalistenpreis ausgezeichnet. 1999 erhielt er den Dr. h.c. der Universität Basel und 2013 den Bonny-Preis der Freiheit. Von 1996 bis 2000 war er a.o. Professor für Sozialpolitik am IDHEAP, Universität Lausanne, und Mitglied der Eidg. Kommunikationskommission. Beat Kappeler ist verheiratet mit der Historikerin Franziska Rogger, sie haben zwei erwachsene Söhne.

www.beatkappeler.info